KB262885

Хамгийн энгийн аргаар Солонгос хэл сурах

Зохиогч **Чой ГиХу, Шим Сурим**

Өмнөх үг

Солонгосын Жусон хаант улсын Сэжун их хаан 1443онд Гёнбүггүн өргөөндөө "Ардыг гэгээрүүлэх зөв дуудлага" буюу "Хангыл"үсгийг өөрийн биеэр гардан бүтээсэн бөгөөд Арга билиг таван махбодын гүн ухааныг үндэс болгон хүмүүний өгүүлэх эрхтний онцлогыг дүрслэн бүтээсэн уг бичиг үсгийг энгийн ард олон ч амархан сурч болохоор зохион бүтээсэн нь өдгөө бидний хэрэглэж буй Хангыл үсэг юм.

Солонгос дуудлагаар "Хүн Мин Жон Ым" гэж нэрлэгддэг "Ардыг гэгээрүүлэх Зөв дуудлага"нь сурахад амархан тул эрдэм номд дуртай хүн нэг өдөрт л багтан сурах боломжтойн дээр энгийн хар бор хүн ч аравхан хоногт ой ухаандаа хэвшүүлэх боломжтой гэж үздэг юм.

Америкийн нэрт эрдэмтэн доктор Жеральд Даймонд "Хангыл" үсгийн талаар 'Дэлхий дээр хамгийн шинжлэх ухааны үндэслэлтэй эмх цэгц бүхий суралцахад амархан бичиг үсэг бол Солонгосын Хангыл үсэг' хэмээн магтан сайшаажээ. Мөн түүнчлэн Юнескогоос Сэжун их хааны нэрэмжит шагналын санг бий болгож дэлхийн бичиг үсэг дэлгэрүүлэх үйлсэд амжилт гаргасан хүнийг 1990оноос эхлэн жил бүр уламжлал болгон шагнаж буй бөгөөд "Хүн Мин Жон Ым"-ийг дэлхийн бичиг үсгийн соёлын үнэт өв болгон бүртгэсэн билээ.

Уг сурах бичиг нь Солонгос хэл суралцах эрмэлзэлтэй ямар ч хүнд амархан сурч болохоор "Ардыг гэгээрүүлэх зөв дуудлага"-ын зарчимд үндэслэн эмхэтгэхдээ үе бүтэх хэлбэр болон үсэг зөв бичих дасгал ажлыг голлон номын агуулгаа бүрдүүлсэн болно. Энэхүү ном нь хувь хүн Хангыл үсгийг бие даан суралцах үүднээс анхан шатны дасгал ажил хангалттай оруулсан бөгөөд дараах хэд хэдэн онцлог шинжийг агуулсан билээ.

Нэгдүгээрт,"Ардыг гэгээрүүлэх зөв дуудлага"-ын зарчимд үндэслэн гийгүүлэгч болон эгшиг үсгийн тайлбар түүнчлэн үе бүтэх хэлбэр, үсэг зөв бичих дасгал зэргээр шаталсан хэлбэрээр сурах боломжыг хангасан.

Хоёрдугаарт, тус сурах бичиг нь анхлан суралцагчын онцлогыг харгалзан үгсийн сан болон зөв дуудах зүй, зурагт тайлбарыг хамтатган оруулж үгийн зөв дуудлага болон үгсийн санг амархан тогтоох аргыг бодолцож зохиосон болно.

Гуравдугаарт, тус сурах бичигт энгийн аргаар үгсийн санг нүдлэх, унших зэрэг үе шатнаас эхлэн Солонгос хэлний түгээмэл суурь харилцан яриаг ойлгох нөхцөл боломжыг бүрдүүлсэн болно.

Эцэст нь энэхүү сурах бичгийг хэвлэн гаргахад сэтгэл харамгүй тус дэм үзүүлсэн Ом Хуёл захирал болон хянан тохиолдуулсан бүх хүмүүст чин сэтгэлийн талархал илэрхийлж байна.

Чой Гиху, Шим Сурим

2010. 01. 10

Толилуулах нь

Энэхүү сурах бичгийг Солонгос хэл эхлэн суралцах хүсэлтэй бүх хүмүүст зориулан бичлээ. Нийт 38 хичээлээс бүрдсэн тус сурах бичиг ийн 1~28-р хичээлд Солонгос хэлний анхан суурь Хангыл үсгийг нүдлэн суралцах, 29~38-р хичээлд анхан шатны суурь харилцан яриа гэсэн дасгал ажлуудаас бүрдэж байна.

Сурах бичгийн эхийг 'Ой сайтай хүн нэгхэн өглөөний дотор Хангыл бичиг үсэгт тайлагдах' боломжоор хангасан "Ардыг Гэгээрүүлэх Зөв дуудлага"-ын зарчимд үндэслэн ойлгоход хамгийн хялбар аргаар зохион эмхтэглээ.

Орчин цагт зам тээвэр, харилцаа холбооны үсрэнгүй хөгжлөөр дэлхий ертөнц алсагдмал орон зайнаас хурдацтай ангижирч байна. Энэхүү даяарших явцад гадаад хэл суралцах хүсэлтэй хүмүүсийн тоо өсөн нэмэгдэхийн зэрэгцээ Солонгост ажиллахаар ирж буй иргэд болон Солонгос оронд бизнес түншлэлээ өргөтгөж буй олон хүмүүс Солонгос хэл сурахыг хүсэж байна.

Түүнчлэн Солонгосын 'Дэ Жангым', 'Өвлийн хайр' зэрэг телевизийн олон ангит жүжгээр дамжин нийтэд хүртсэн Солонгос соёлын урсгал, мөн цагаач иргэд болон гадны иргэдтэй суусан Солонгос иргэдийн үр хүүхэд, тэдний гэр бүлийн гишүүд Солонгос хэл суралцах хүсэлтэй байдаг нь туйлын үнэн бөгөөд энэхүү сурах бичиг эдгээр хүмүүсийн хүсэл шаардлагад нийцсэн, ихээхэн үр өгөөжтэй байх болов уу гэж найдаж байна. Сурах бичгийн талаар нэмж тодотгон өгүүлбээс

Нэгдүгээрт, 'Хангыл үсэгм нүдлэн суралцах' хэсэг нь суралцагч бие даан сурах бүрэнболомжтой бөгөөд заавpын дагуу унших, бичих дасгал ажлыг сайтар хийвэл Солонгос хэлийг хамгийн амархан, хурдан суралцах боломжыг бүрдүүллээ.

Хоёрдугаарт, Үгийн зөв дуудлага, Харилцан ярианы дасгал ажилд зориулан CD бичлэг тусгайлан гаргаж сонсголын хичээлд ашиглах боломжоор хангалаа.

Гуравдугаарт, үндсэн эгшиг үсгийг анхлан сурсны дараа бусад эгшиг үсгийг суралцах гэсэн хэлбэрээр сурах бичгийн тэн хагас нь хөнгөхөн дасгалаас аажмаар гүнзгийрэх арга барилаар сургалтын явцыг бүрдүүллээ.

Дөрөвдүгээрт, Анхан шатны суурь харилцан ярианы дасгал ажил нь гадаад хүн Солонгос орныг ойлгож мэдэхэд хамгийн ойр дөхөм агуулга болон түүнд тохирох жишээ өгүүлбэрийг сонгон зохиолоо.

이 책은 한국어를 배우고자 하는 초보자 모든 사람들을 위하여 만들어진 교재로 총 38과로 이루어져 있다. 이 교재는 한국어 학습의 바탕이 되는 한글 익히기와 기초적인 실용 회화 두 부분으로 구성하였다.

이 책은 '머리 좋은 사람이면 한글을 하루 아침에 깨우칠 수 있도록' 훈민정음 창제 원리에 따라 쉽게 원고를 쓰고, 책을 편찬하였다.

현대는 교통과 통신의 급속한 발달로 지구촌이 아주 가까운 이웃이 되었다. 그래서 한국어를 배우고자 하는 사람도 많아졌다. 한국에 취업하려는 사람이나, 한국과 사업을 하려는 사람도 한국어를 배우고 싶어 한다.

한국 드라마 '대장금'이나 '겨울 연가' 처럼 한류에 따라 한글을 배우고자 하는 사람도 있다. 교포 자녀와 다문화 가정의 가족들도 한국어를 배우고자 하는데 이 모든 사람들의 요구에 이 교재가 조금의 도움이 되었으면 한다.

이 교재의 특징은 다음과 같다.

첫째, '한글 익히기'는 혼자라도 한글을 배울 수 있도록 독학 교재로 만들었다. 누구나 책의 지시대로 읽고, 쓰기를 따라 하면 쉽게 한글을 깨우칠 수 있도록 구성하였다.

둘째, 단어의 발음과 기초 회화에 도움이 되도록 녹음 CD를 만들어 한국어 학습에 시청각 자료로 활용하게 하였다.

셋째, 기초 모음을 먼저 배우고, 복모음을 나중에 공부하도록 모든 교재 전반의 구성을 쉬운데서 어려운 것을 배울 수 있게 교육적인 구성을 하였다.

넷째, 기초 회화 부분은 외국인 학습자가 한국을 알기에 필요한 내용과 그에 맞는 간단한 예문을 뽑아서 실었다.

Гарчиг

1 Хангыл гийгүүлэгч ба эгшиг үсэг

1.1 Хангыл эгшиг үсэг

1 Үндсэн эгшиг

Үндсэн эгшиг	ㅏ	ㅑ	ㅓ	ㅕ	ㅗ
Нэр	아	야	어	여	오
Дуудлага	[a]	[ja]	[ʌ]	[jʌ]	[o]
Үндсэн эгшиг	ㅛ	ㅜ	ㅠ	ㅡ	ㅣ
Нэр	요	우	유	으	이
Дуудлага	[jo]	[u]	[ju]	[eu]	[i]

Үндсэн эгшиг	Дуудлага	Амны хэлбэр	Жишээ
아 [a]	Амаа хамгийн том нээж хэлээ доош болгон авиална уу.		[아이] - ийн [아] [아빠] - ийн [아]
어 [o]	Амаа бага зэрэг нээж уруул ба хэлэнд хүч өгөлгүйгээр авиална уу.		[어머니] - ийн [어] [어른] - ийн [어]
오 [y]	[ү] үсэгтэй ойролцоо авиатул уруулаа цорвойн хэлний үзүүрээ доош буулган авиална уу.		[오이] - ийн [오] [오빠] - ийн [오]
우 [ү]	Уруулаа бага зэрэг урагш цорвойн авиална уу.		[우유] - ийн [우] [우산] - ийн [우]
으 [ы]	[и] үсэгтэй ойролцоо авиатул амаа бага зэрэг нээж уруул болон хэлэнд хүч өгөхгүйгээр тайван авиална уу.		[으뜸] - ийн [으] [으,으,으, 춥다] - ийн [으]
이 [и]	Амаа уртаар жимийн нээж хэлээ тагнайн зүг өргөж авиална уу.		[이름] - ийн [이] [이발] - ийн [이]

Эгшиг үсгийн амны хөндийн байрлал

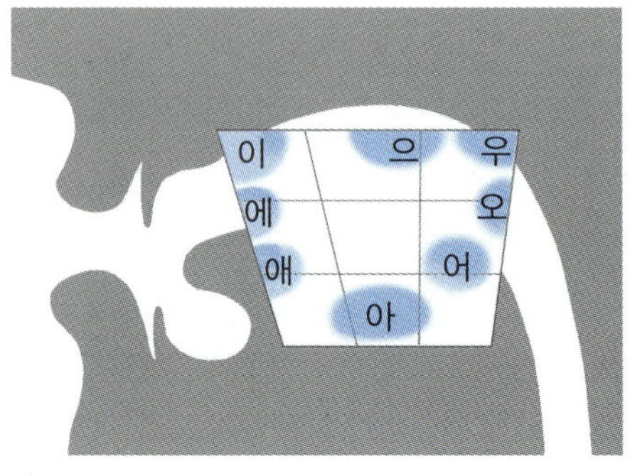

Үндсэн эгшиг ①

 2   Авиаг дагаж уншина уу.

ㅏ
아
[a]

ㅓ
어
[ʌ]

ㅗ
오
[o]

ㅜ
우
[u]

ㅡ
으
[eu]

ㅣ
이
[i]

3   Дараах үгсээс тухайн эгшиг үсгийг олж дугуйлна уу.

ㅏ   아래   아버지

ㅓ   어부   어머니

ㅗ   오이   오리

ㅜ   우유   우산

ㅡ   그림   그네

ㅣ   이   이것

Авиаг зөв дуудан бичнэ үү.

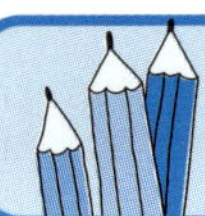

아래 Доор　아버지 Аав　어부 Загасчин　어머니 Ээж

ㅏ　ㅓ

오이 Өргөст хэмх　오리 Нугас　우유 Сүү　우산 Шүхэр

ㅗ　ㅜ

그림 Зураг　그네 Савлуур　이 Энэ　이것 Энэ юм

ㅡ　ㅣ

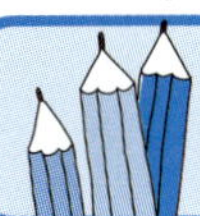

Зурагт тохирох үгийн эхний эгшиг үсгийг дугуйлна уу.

1

ㅏ	ㅓ
ㅗ	ㅜ

2

ㅏ	ㅓ
ㅗ	ㅜ

3

ㅏ	ㅓ
ㅡ	ㅣ

4

ㅏ	ㅓ
ㅡ	ㅣ

5

ㅗ	ㅜ
ㅡ	ㅣ

6

ㅗ	ㅜ
ㅡ	ㅣ

Амандаа авиалж бичнэ үү.

ㅏ

ㅓ

ㅗ

ㅜ

ㅡ

ㅣ

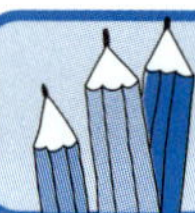

Үндсэн эгшиг ❷

 4   Авиаг дагаж уншина уу.

ㅑ
야
[ja]

ㅓ
여
[jʌ]

ㅛ
요
[jo]

ㅠ
유
[ju]

5   Дараах үгсээс тухайн эгшиг үсгийг олж дугуйлна уу.

ㅑ   야구   야채

ㅓ   여자   여권

ㅛ   요리   요가

ㅠ   유리   유모차

Авиаг зөв дуудан бичнэ үү.

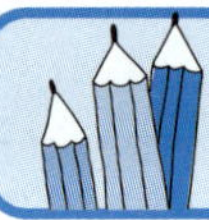

야구 Бэйсбол　야채 Хүнсний ногоо

ㅑ

여자 Эмэгтэй　여권 Гадаад паспорт

ㅕ

요리 Хоол　요가 Хийн дасгал

ㅛ

유리 Шил　유모차 Хүүхдийн тэрэг

ㅠ

Зурагт тохирох үгийн эхний эгшиг үсгийг дугуйлна уу.

1

ㅑ	ㅕ
ㅛ	ㅠ

2

ㅑ	ㅕ
ㅛ	ㅠ

3

ㅑ	ㅕ
ㅛ	ㅠ

4

ㅑ	ㅕ
ㅛ	ㅠ

Амандаа авиалж бичнэ үү.

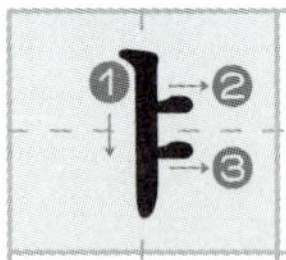

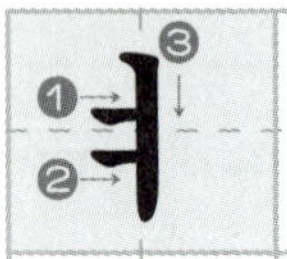

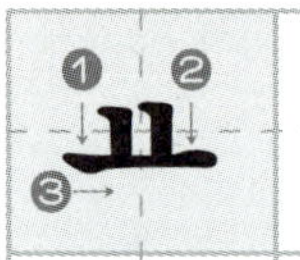

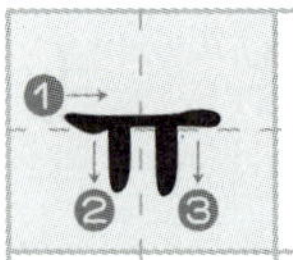

* Тодотгол

Үндсэн эгшиг ‘ㅑ, ㅕ, ㅛ, ㅠ’ нь тус тус үндсэн эгшиг ‘ㅏ, ㅓ, ㅗ, ㅜ’ ээс үүссэн юм.

Үндсэн эгшиг	ㅏ	ㅓ	ㅗ	ㅜ	ㅡ	ㅣ
Нэр	아	어	오	우	으	이
Дуудлага	[a]	[ʌ]	[o]	[u]	[eu]	[i]
Үндсэн эгшиг	ㅑ	ㅕ	ㅛ	ㅠ		
Нэр	야	여	요	유		
Дуудлага	[ja]	[jʌ]	[jo]	[ju]		

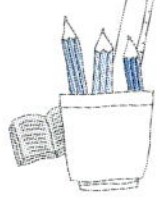

Зурагт тохирох үгийн эхний эгшиг үсгийг зураасаар холбоно уу.

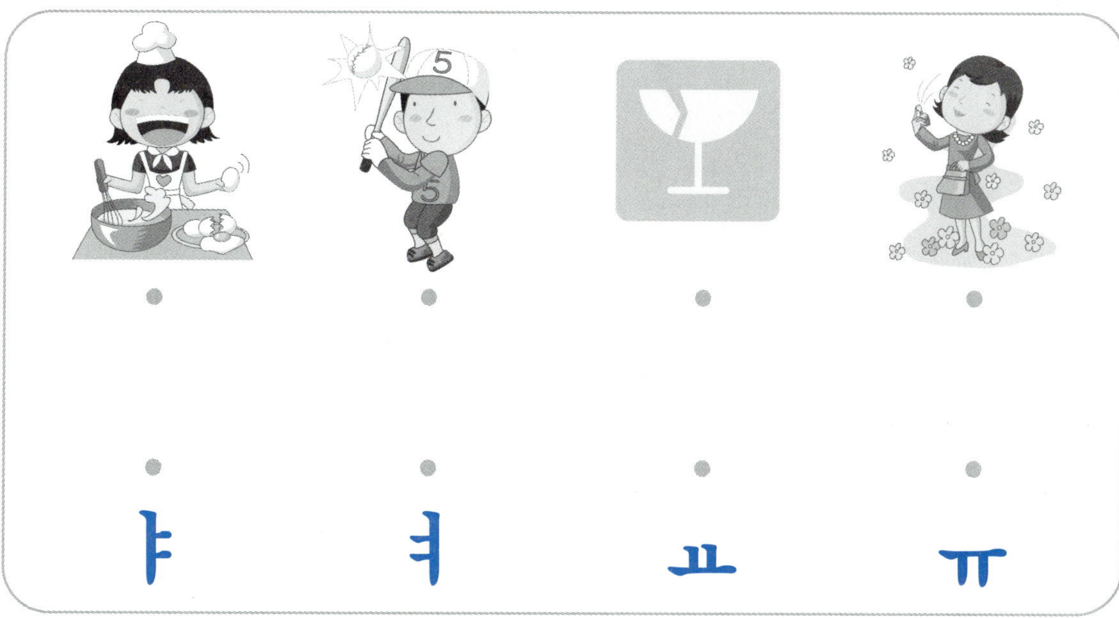

Зурагт тохирох үгийн эхний эгшиг үсгийг бичнэ үү.

Ижил эгшгээр эхэлсэн үгийг зураасаар холбон бичнэ үү.

 Эгшиг үсгийг дугуйлна уу. (10 эгшиг)

ㄱ　ㅏ　ㅓ　ㅗ　ㄴ

ㄷ　ㅜ　ㄹ　ㅡ　ㅁ

ㅂ　ㅣ　ㅈ　ㅕ　ㅅ

ㅇ　ㅑ　ㅛ　ㅠ　ㅊ

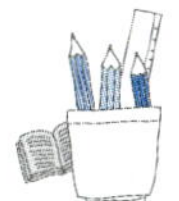 Дараах үгнээс эгшиг үсгийг ялган бичнэ үү.

1 라디오

2 고구마

3 서류

4 요리하다

Үндсэн эгшиг үсгүүдийг амандаа чанга авиалж бичнэ үү.

ㅏ								
ㅓ								
ㅗ								
ㅜ								
ㅡ								
ㅣ								
ㅑ								
ㅕ								
ㅛ								
ㅠ								

❷ Бусад эгшиг 🔵 7

Дан эгшиг	ㅐ	ㅔ	ㅚ	ㅟ
Нэр	애	에	외	위
Дуудлага	[æ]	[e]	[oe]	[wj]
Нийлмэл эгшиг	ㅒ	ㅖ	ㅘ	ㅝ
Нэр	얘	예	와	워
Дуудлага	[jæ]	[je]	[wa]	[wʌ]
Нийлмэл эгшиг	ㅙ	ㅞ	ㅢ	
Нэр	왜	웨	의	
Дуудлага	[wæ]	[we]	[euj]	

 **8** Авиаг дагаж уншина уу.

애
[æ]

에
[e]

외
[oe]

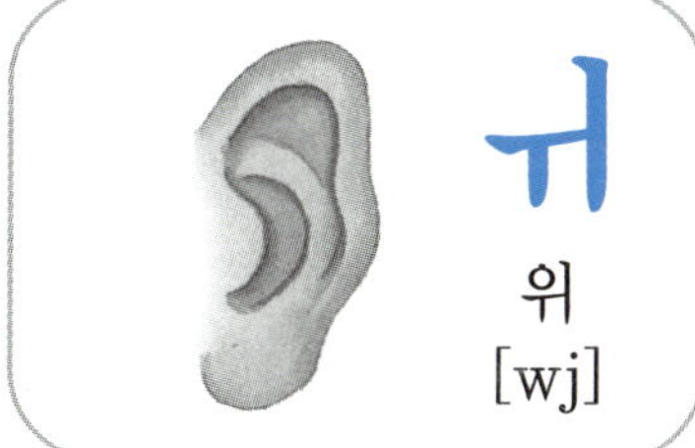

위
[wj]

 **9** Дараах үгсээс тухайн эгшиг үсгийг олж дугуйлна уу.

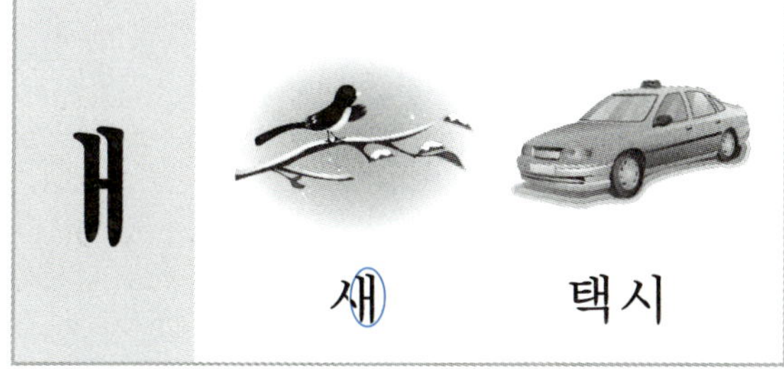

ㅐ

새   택시

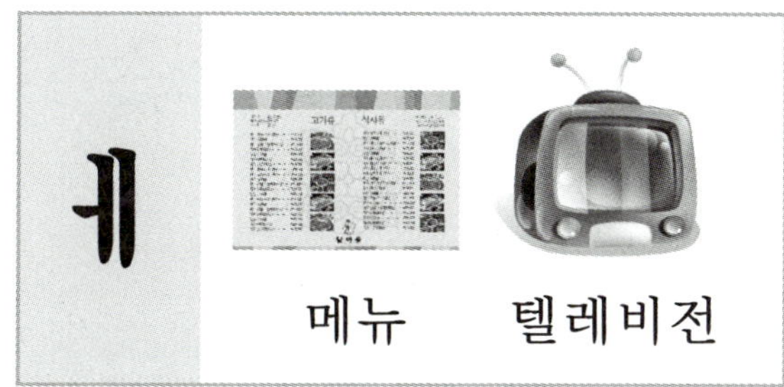

ㅔ

메뉴   텔레비전

ㅚ

회사   왼쪽

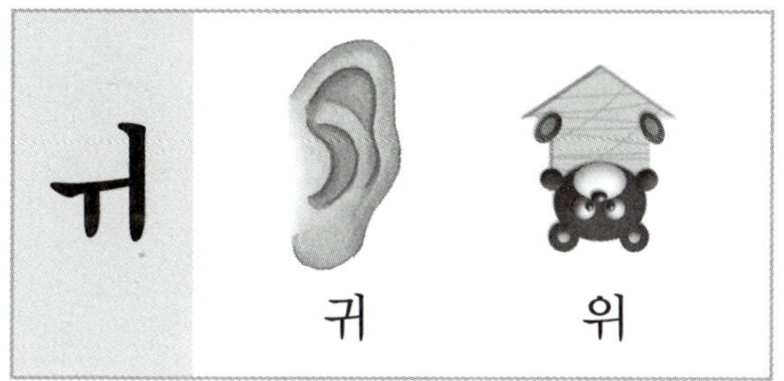

ㅟ

귀   위

새 Шувуу　　택시 Такси　　　메뉴 Цэс　　텔레비전 Зурагт

회사 Компани　　왼쪽 Зүүн зүг　　귀 Чих　　위 Дээр

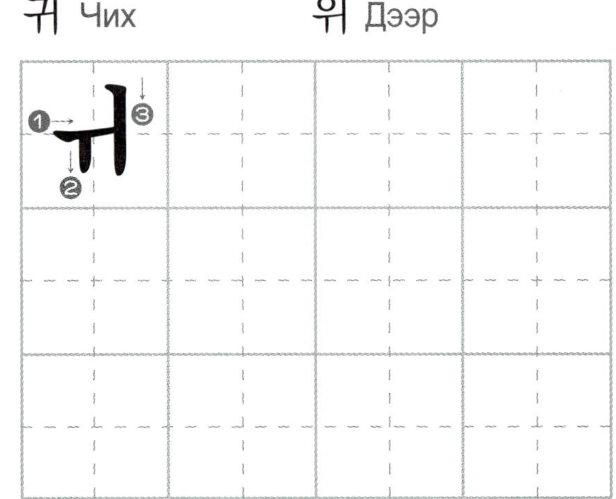

1

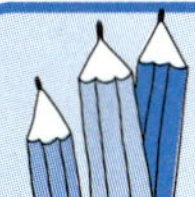

ㅐ	ㅔ
ㅚ	ㅟ

2

ㅐ	ㅔ
ㅚ	ㅟ

3

ㅐ	ㅔ
ㅚ	ㅟ

4

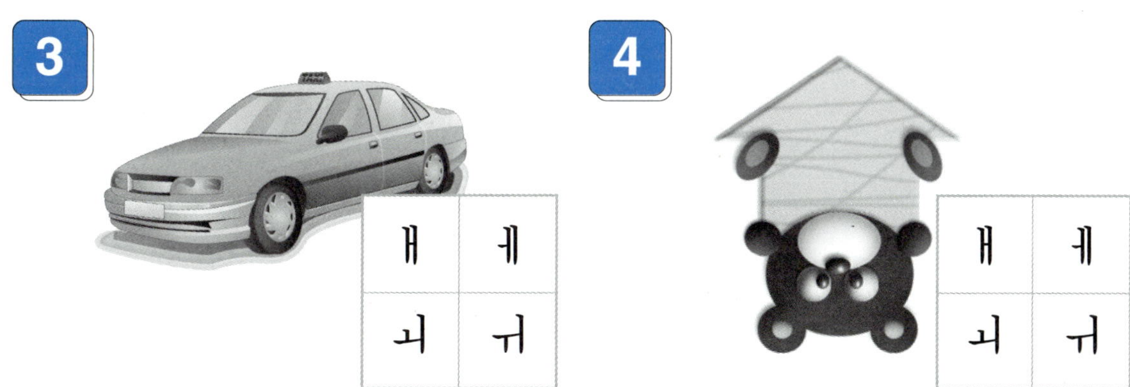

ㅐ	ㅔ
ㅚ	ㅟ

Бусад эгшиг ❷

 **10** Авиаг дагаж уншина уу.

ㅒ
애
[jæ]

ㅖ
예
[je]

ㅘ
와
[wa]

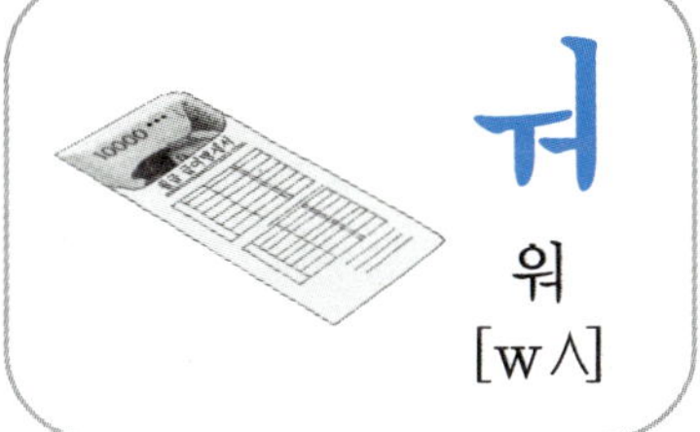

ㅝ
워
[wʌ]

11 Дараах үгсээс тухайн эгшиг үсгийг олж дугуйлна уу.

ㅒ

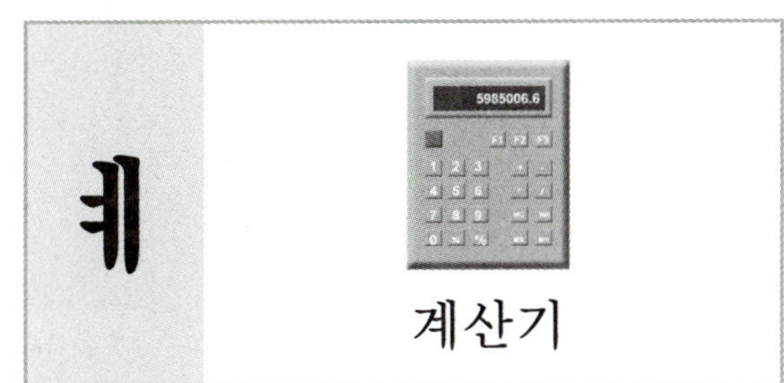

ㅖ

ㅘ

ㅝ

애기 Яриа

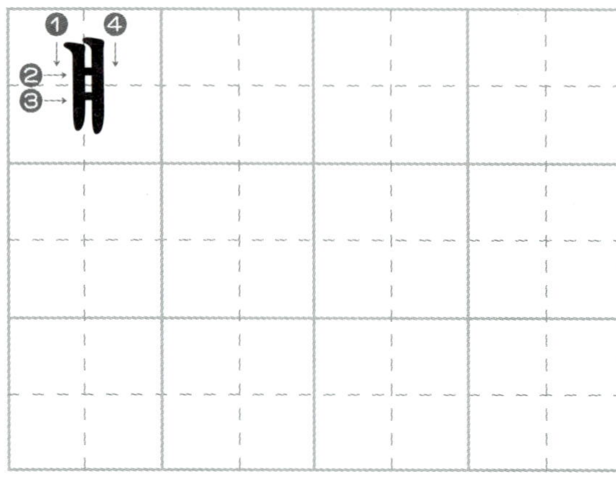

계산기 Тооны машин

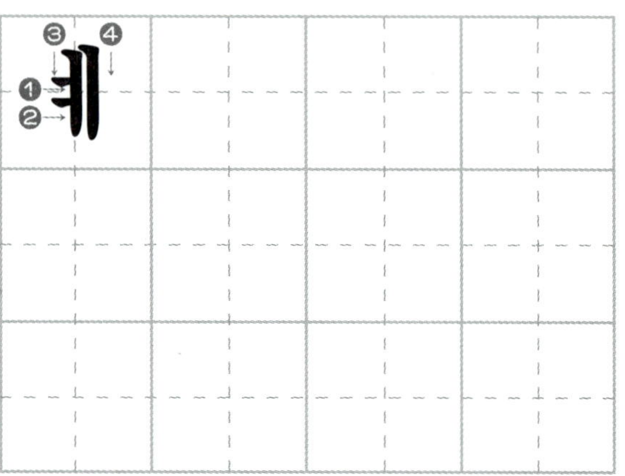

과자 Жигнэмэг

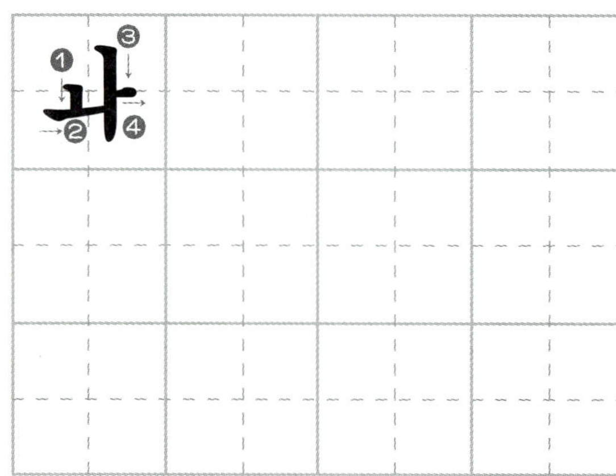

월급 Сарын цалин

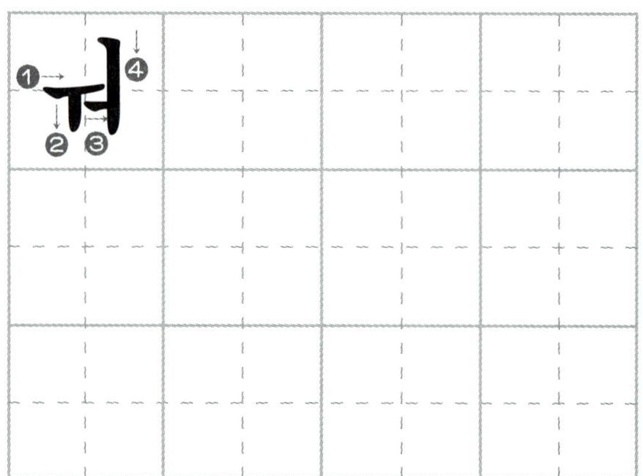

1

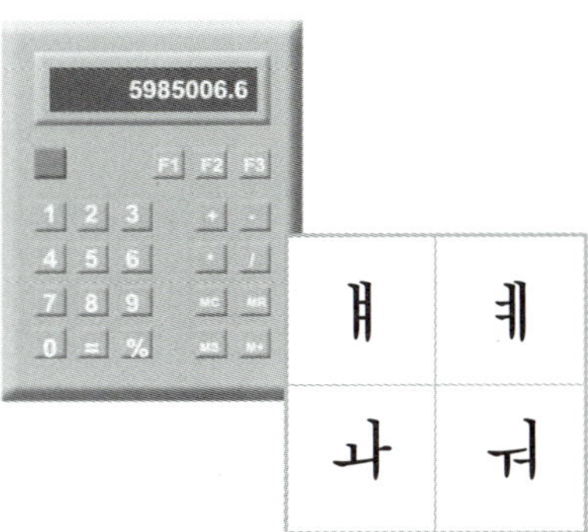

ㅐ	ㅔ
ㅘ	ㅝ

2

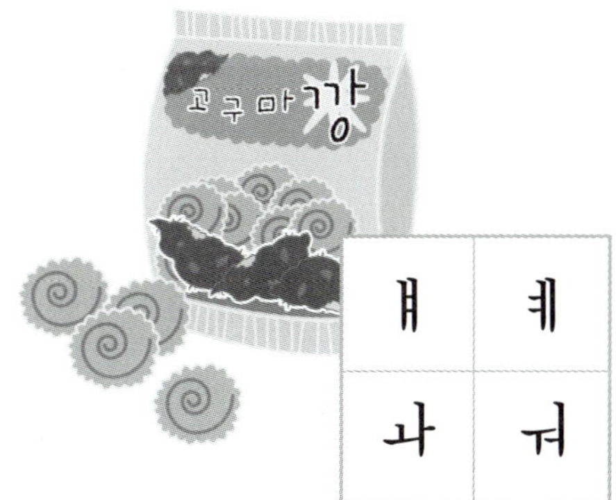

ㅐ	ㅔ
ㅘ	ㅝ

3

ㅐ	ㅔ
ㅘ	ㅝ

4

ㅐ	ㅔ
ㅘ	ㅝ

 12 Авиаг дагаж уншина уу.

왜
[wæ]

웨
[we]

의
[euj]

 13 Дараах үгсээс тухайн эгшиг үсгийг олж дугуйлна уу.

돼지 Гахай

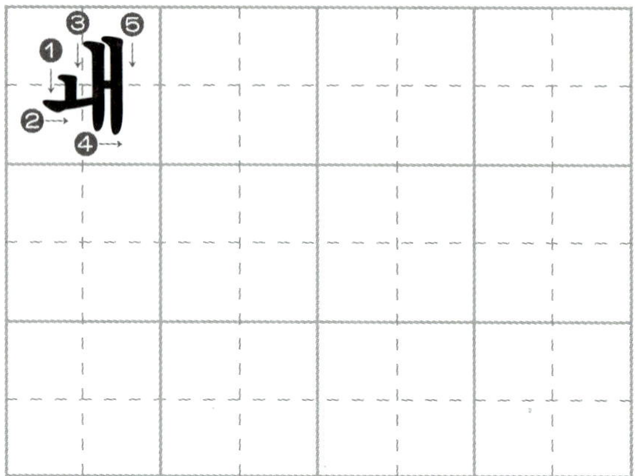

웨이터 Зөөгч

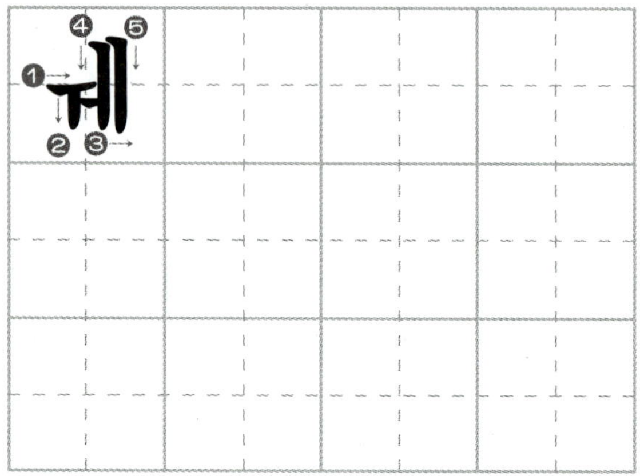

의자 Сандал

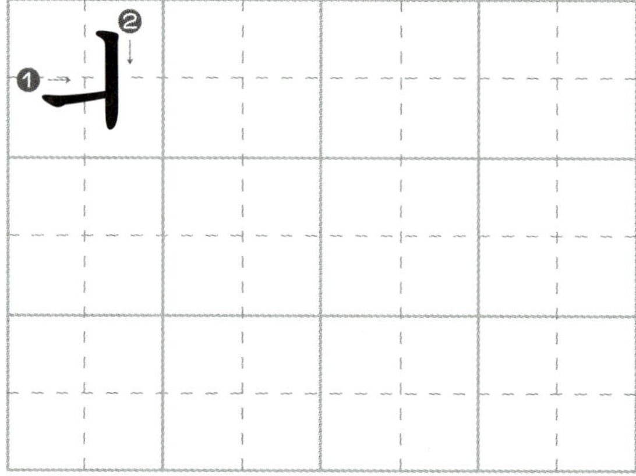

1

애	에
ㄱ	

2

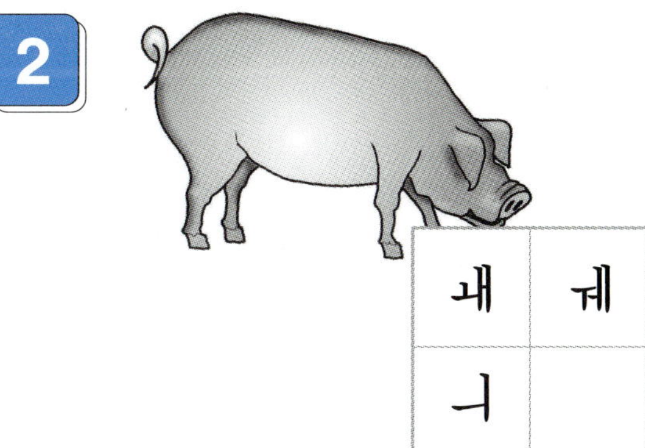

애	에
ㄱ	

3

애	에
ㄱ	

Амандаа авиалж бичнэ үү.

Зурагт тохирох үгийн эхний эгшиг үсгийг зураасаар холбоно уу.

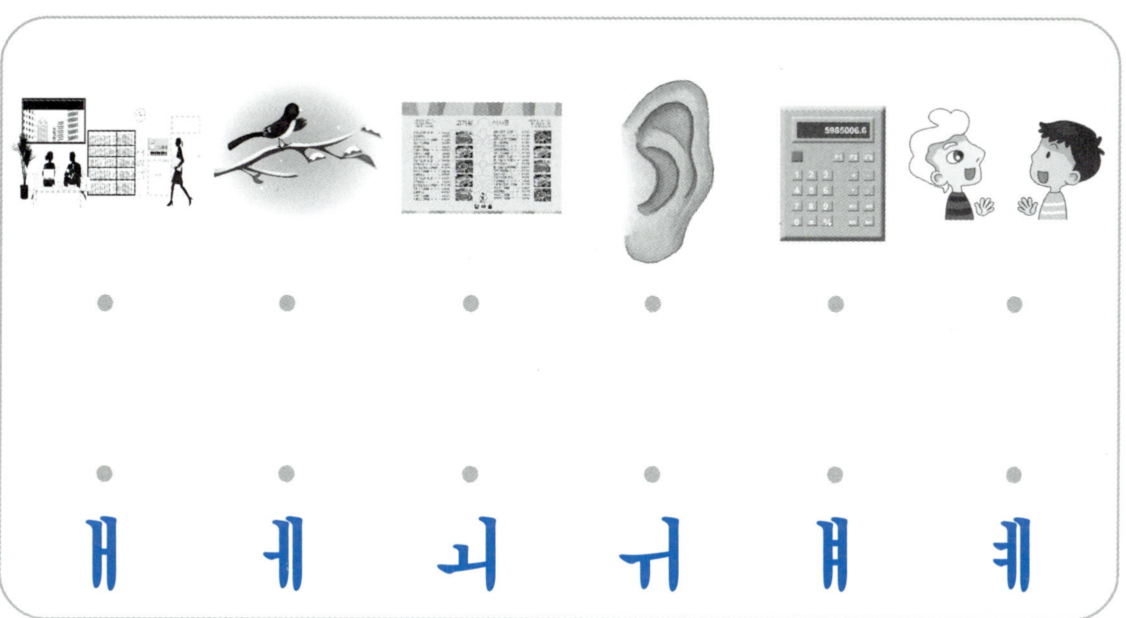

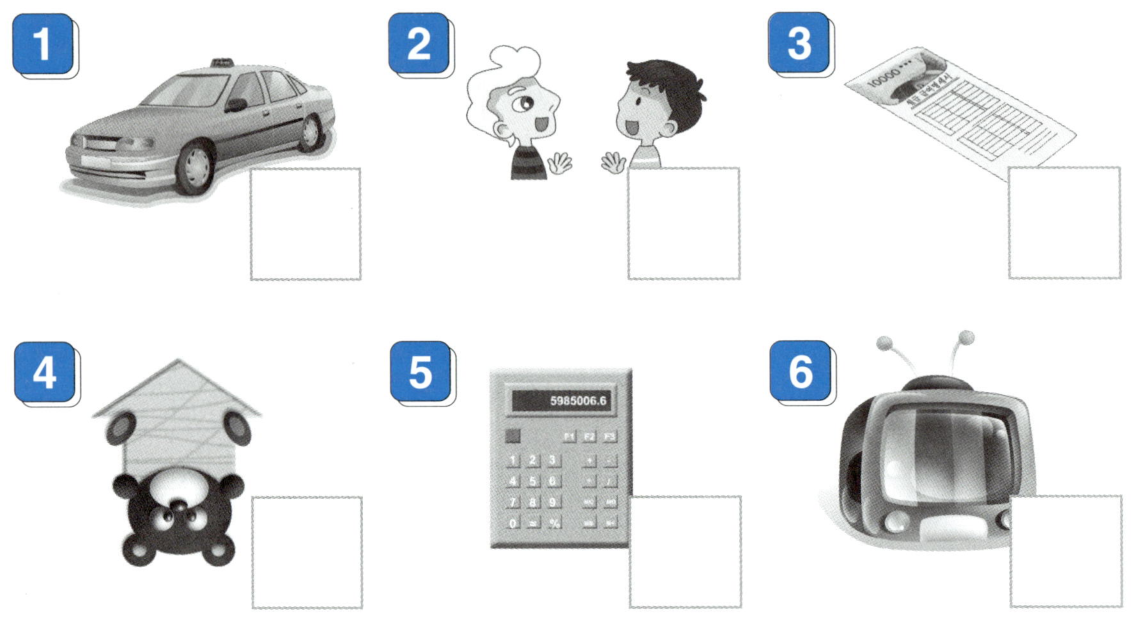

14 **Зурагт тохирох үгийн эхний эгшиг үсгийг бичнэ үү.**

 **Ижил эгшгээр эхэлсэн үгийг зураасаар холбон бичнэ үү.**

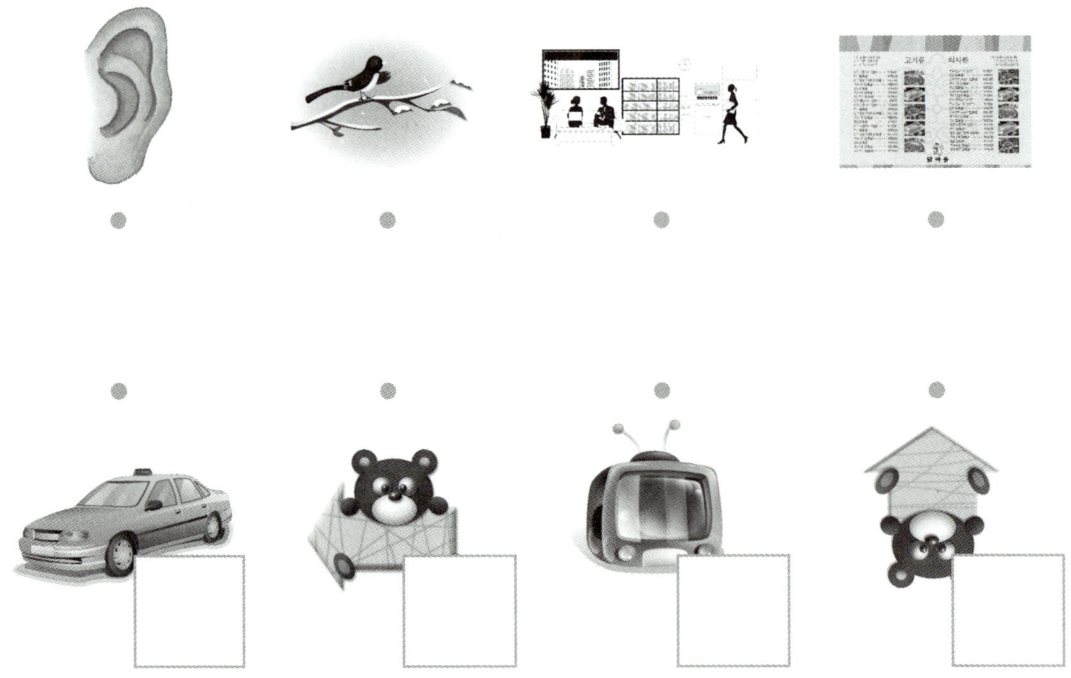

 Эгшиг үсгийг олж дугуйлна уу. (11 эгшиг)

ㅐ	ㄴ	ㅒ	ㅂ	ㅅ	ㅓ
ㄱ	ㅖ	ㅁ	ㅖ	ㅌ	ㅍ
ㅝ	ㄹ	ㅚ	ㅇ	ㅖ	ㅘ
ㄷ	ㅙ	ㅈ	ㅟ	ㅊ	ㅋ

 Дараах үгсээс эгшиг үсгийг ялган бичнэ үү.

1	찌개	ㅣ ㅐ	**2**	카메라	
3	스웨터		**4**	시계	

| ㅖ |
| ㅒ |
| ㅟ |
| ㅠ |
| ㅖ |
| ㅞ |
| ㅘ |
| ㅝ |
| ㅖ |
| ㅖ |
| ㅜ |

1.2 Хангыл гийгүүлэгч үсэг

① Үндсэн гийгүүлэгч  15

Үндсэн гийгүүлэгч	ㄱ	ㄴ	ㄷ	ㄹ	ㅁ
Нэр	기역	니은	디귿	리을	미음
Дуудлага	[k/g]	[n]	[t/d]	[r/l]	[m]
Үндсэн гийгүүлэгч	ㅂ	ㅅ	ㅇ	ㅈ	ㅊ
Нэр	비읍	시옷	이응	지읒	치읓
Дуудлага	[p/b]	[s]	[ng]	[j]	[ch]
Үндсэн гийгүүлэгч	ㅋ	ㅌ	ㅍ	ㅎ	
Нэр	키읔	티읕	피읖	히읗	
Дуудлага	[kH]	[tH]	[pH]	[h]	

*Тодотгол

Гийгүүлэгч үсгийн нэр нь үгийн 1-р үе болох '기, 니, 디, 리, 미, 비, 시, 이, 지, 치, 키, 티, 피, 히' –ийн араас 2-р үе '윽, 은, 읃, 을, 음, 읍, 옷, 응, 읏, 읒, 윽, 읕, 읖, 웋' -ийг залгаж тус тус үүссэн юм. Тиймээс '기윽, 니은, 디읃, 리을, 미음, 비읍, 시옷, 이응, 지읒, 치읓, 기윽, 디읕, 피읖, 히웋' гэж нэрлэдэг.

16 Авиаг дагаж уншина уу.

ㄱ 기역 [k/g]

ㄴ 니은 [n]

ㄷ 디귿 [t/d]

ㄹ 리을 [r/l]

17 Дараах үгсээс тухайн гийгүүлэгч үсгийг олж дугуйлна уу.

ㄱ 가게 국

ㄴ 나무 남자

ㄷ 다리 돈

ㄹ 라디오 라면

가게 Дэлгүүр 국 Шөл

나무 Мод 남자 Эрэгтэй

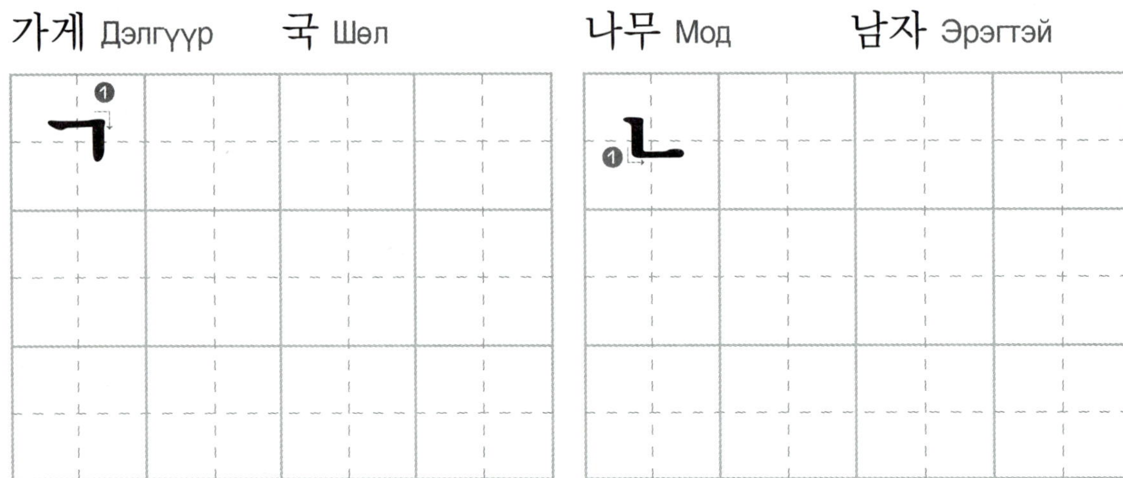

다리 Хөл 돈 Мөнгө

라디오 Радио 라면 Бэлэн гоймон

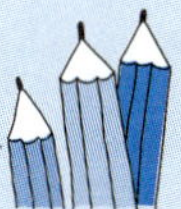

Зурагт тохирох үгийн эхний гийгүүлэгч үсгийг дугуйлна уу.

1

2

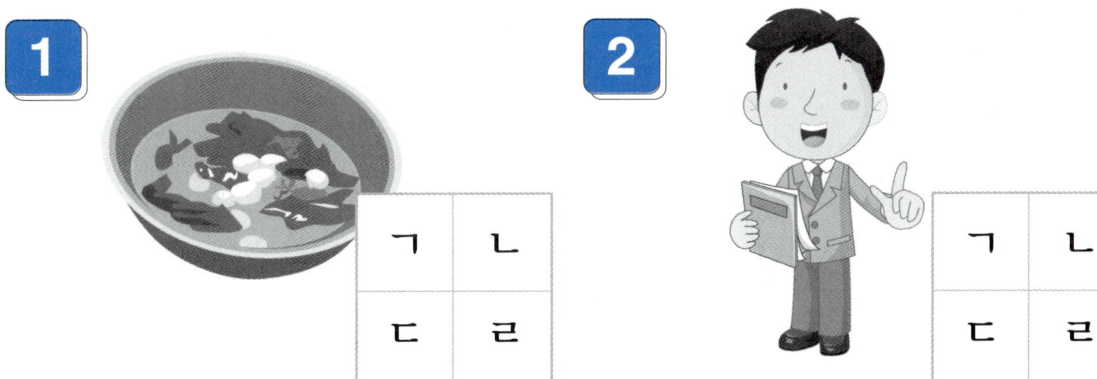

3

4

ㄱ

ㄴ

ㄷ

ㄹ

Үндсэн гийгүүлэгч ❷

 **18** Авиаг дагаж уншина уу.

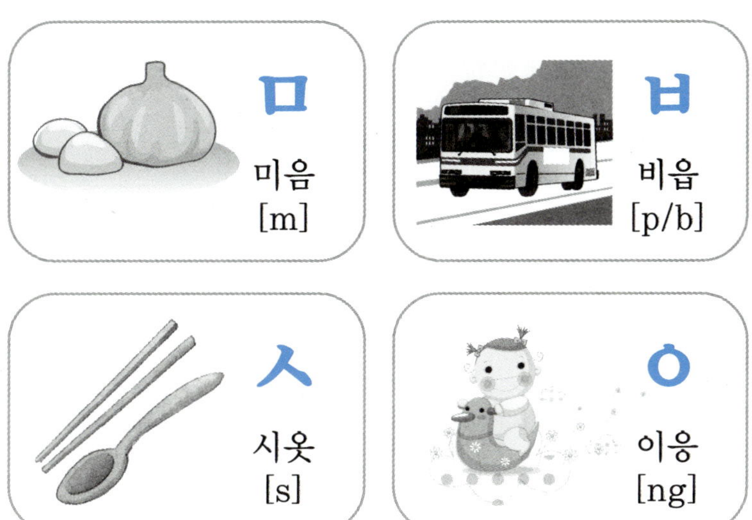

19 Дараах үгсээс тухайн гийгүүлэгч үсгийг олж дугуйлна уу.

마늘 Сармис   말 Морь

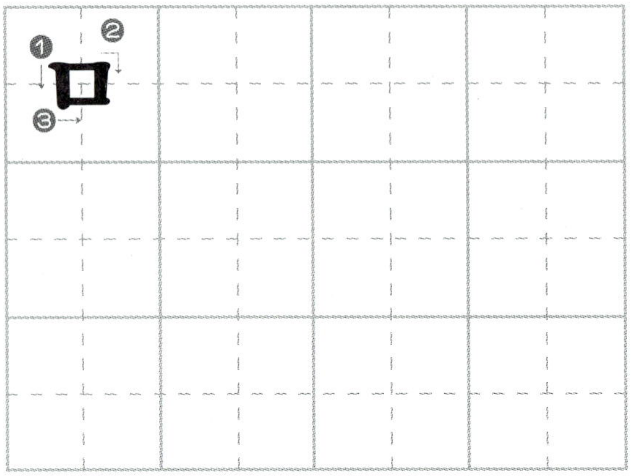

버스 Автобус   밤 Шөнө

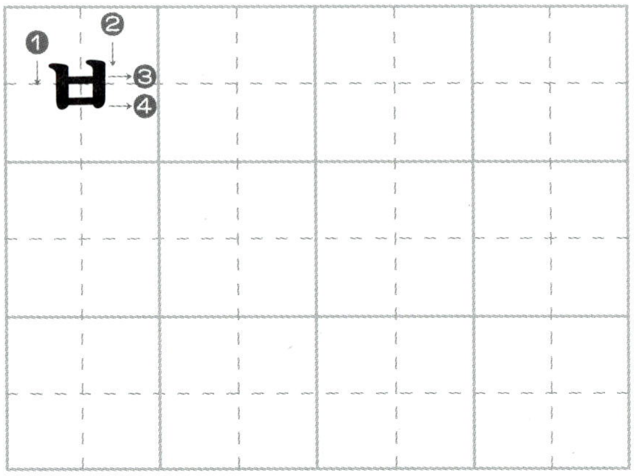

수저 Халбага савх 손 Гар

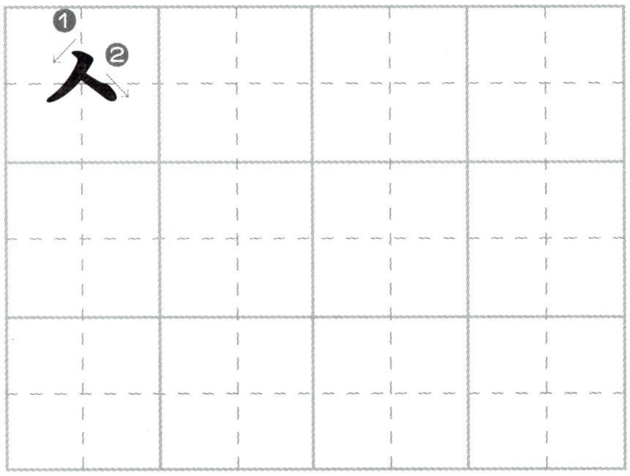

아기 Хүүхэд   안경 Нүдний шил

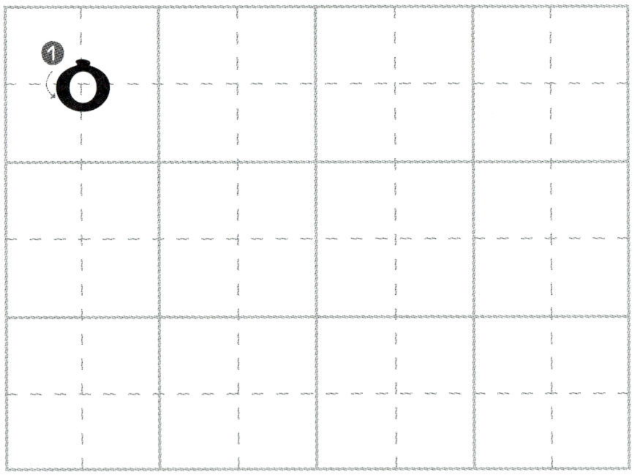

 Зурагт тохирох үгийн эхний гийгүүлэгч үсгийг дугуйлна уу.

1

ㅁ	ㅂ
ㅅ	ㅇ

2

ㅁ	ㅂ
ㅅ	ㅇ

3

ㅁ	ㅂ
ㅅ	ㅇ

4

ㅁ	ㅂ
ㅅ	ㅇ

 Амандаа авиалж бичнэ үү.

Үндсэн гийгүүлэгч ③

 **20** Авиаг дагаж уншина уу.

ㅈ 지읒 [j]

ㅊ 치읓 [ch]

ㅋ 키읔 [kH]

ㅌ 티읕 [tH]

*Гийгүүлэгч 'ㅈ' үсгийг 'ㅈ'-ээр, мөн 'ㅊ' үсгийг 'ㅊ'-ээр бичиж болдог.

21 Дараах үгсээс тухайн гийгүүлэгч үсгийг олж дугуйлна уу.

ㅈ   자동차   집

ㅊ   치마   책

ㅋ   코   카메라

ㅌ   토마토   택시

자동차 Авто машин　　집 Гэр

치마 Юбка　　책 Ном

코 Хамар　　카메라 Камер

토마토 Улаан лооль　　택시 Такси

1

ㅈ	ㅊ
ㅋ	ㅌ

2

ㅈ	ㅊ
ㅋ	ㅌ

3

ㅈ	ㅊ
ㅋ	ㅌ

4

ㅈ	ㅊ
ㅋ	ㅌ

ㅈ

ㅊ

ㅋ

ㅌ

Үндсэн гийгүүлэгч ④

 **22** Авиаг дагаж уншина уу.

ㅍ
피읖
[pH]

ㅎ
히읗
[h]

 **23** Дараах үгсээс тухайн гийгүүлэгч үсгийг олж дугуйлна уу.

피아노 Төгөлдөр хуур   팔 Гар   하늘 Тэнгэр   한복 Ханбуг: Солонгос үндэсний хувцас

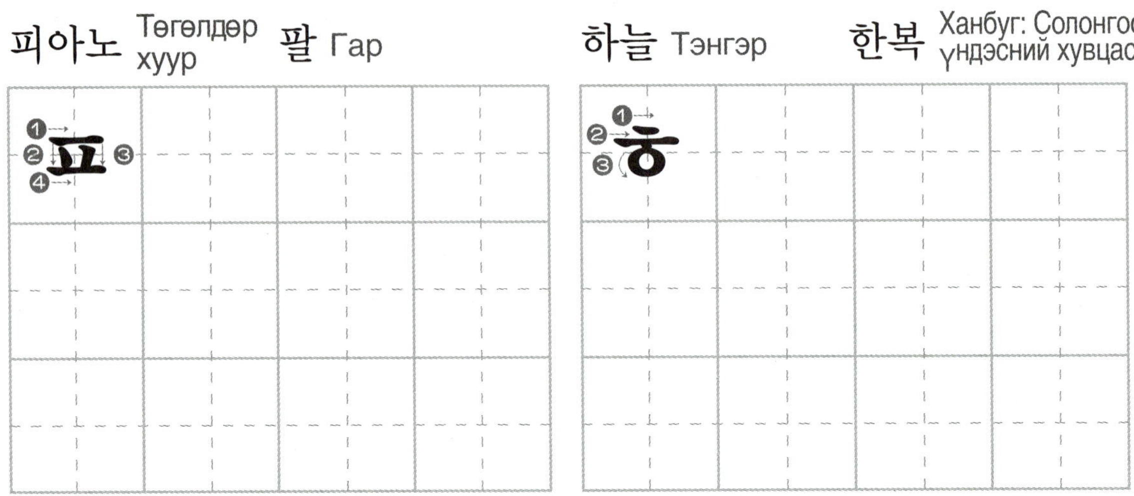

1

ㅍ	ㅎ

2

ㅍ	ㅎ

Амандаа авиалж бичнэ үү.

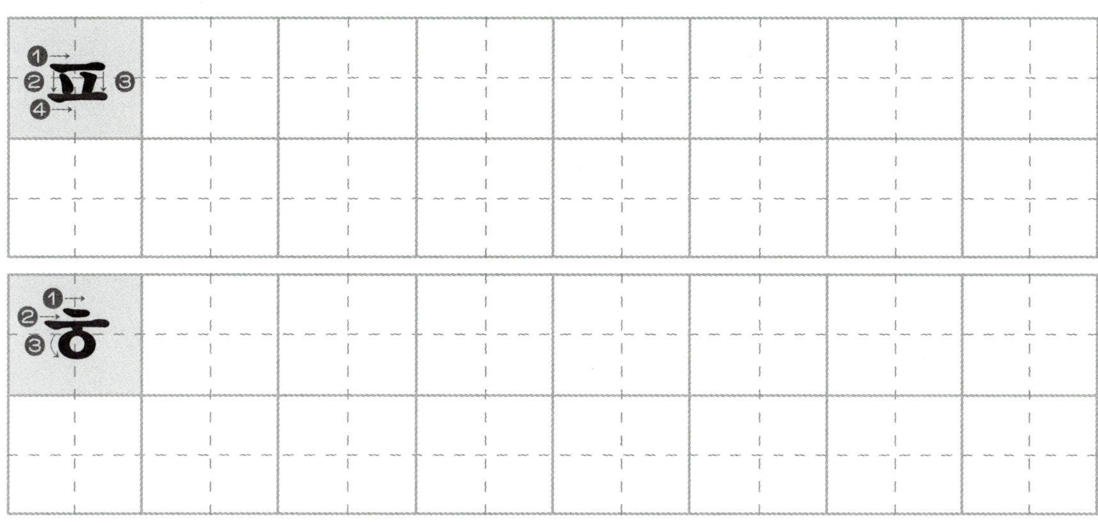

* Тодотгол

Үндсэн гийгүүлэгч 'ㅋ, ㅌ, ㅍ, ㅊ' нь тус тус үндсэн гийгүүлэгч 'ㄱ, ㄷ, ㅂ, ㅈ'авиан дээр 'ㅎ' үсгийн авиаг нэмэн чангаруулж дуудснаар үүссэн болно.

Үндсэн гийгүүлэгч	ㄱ	ㄴ	ㄷ	ㄹ	ㅁ	ㅂ	ㅅ	ㅇ	ㅈ	ㅎ
Нэр	기역	니은	디귿	리을	미음	비읍	시옷	이응	지읒	히읗
Дуудлага	[k/g]	[n]	[t/d]	[r/l]	[m]	[p/b]	[s]	[ng]	[j]	[h]
Үндсэн гийгүүлэгч	ㅋ		ㅌ			ㅍ			ㅊ	
Нэр	키읔		티읕			피읖			치읓	
Дуудлага	[kH]		[tH]			[pH]			[ch]	

Зурагт тохирох үгийн эхний гийгүүлэгч үсгийг холбож зурна уу.

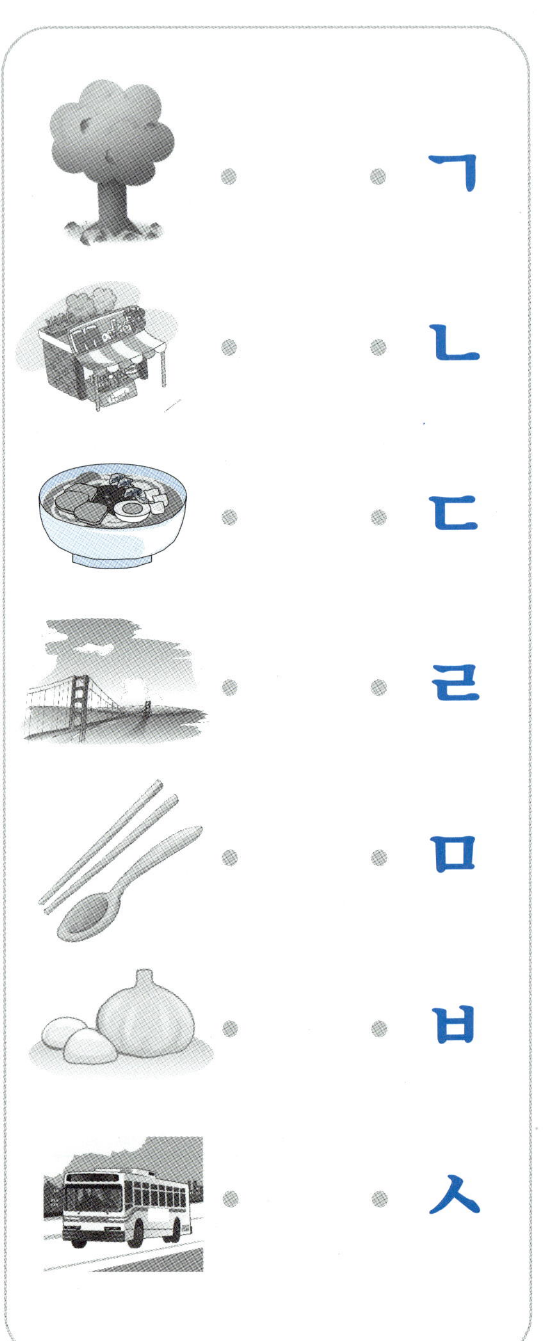

Зурагт тохирох үгийн эхний гийгүүлэгч үсгийг бичнэ үү.

 Ижил гийгүүлэгчээр эхэлсэн үгийг зураасаар холбон бичнэ үү.

 Гийгүүлэгч үсгийг олж дугуйлна уу. (14 гийгүүлэгч)

ㅏ	ㅑ	ㅓ	ㅂ	ㅓ
ㄱ	ㄴ	ㄷ	ㅅ	ㅗ
ㅛ	ㅏ	ㅜ	ㅇ	ㅋ
ㄹ	ㅠ	ㅁ	ㅈ	ㅡ
ㅣ	ㅌ	ㅍ	ㅊ	ㅎ

 Дараах үгсээс гийгүүлэгч үсгийг ялгаж бичнэ үү.

1 구두   ㄱ ㄷ   **2** 자르다

3 마스크   **4** 아파트

5 걷다   **6** 숟가락

7 높다   **8** 학생

 Гийгүүлэгч үсгүүдийг амандаа чанга авиалж бичнэ үү.

| ㄱ |
| ㄴ |
| ㄷ |
| ㄹ |
| ㅁ |
| ㅂ |
| ㅅ |
| ㅇ |
| ㅈ |
| ㅊ |
| ㅋ |
| ㅌ |
| ㅍ |
| ㅎ |

❷ Хос гийгүүлэгч

Үндсэн гийгүүлэгч	ㄱ	ㄷ	ㅂ	ㅅ	ㅈ
Нэр	기역	디귿	비읍	시옷	지읒
Дуудлага	[k/g]	[t/d]	[p/b]	[s]	[j]
Хос гийгүүлэгч	ㄲ	ㄸ	ㅃ	ㅆ	ㅉ
Нэр	쌍기역	쌍디귿	쌍비읍	쌍시옷	쌍지읒
Дуудлага	[kk]	[tt]	[pp]	[ss]	[jj]

*Хос гийгүүлэгч 'ㄲ, ㄸ, ㅃ, ㅆ, ㅉ' нь тус тус үндсэн гийгүүлэгч 'ㄱ, ㄷ, ㅂ, ㅅ, ㅈ' - ээс тус тус үүссэн юм.

 **26** Авиаг дагаж уншина уу.

27 Дараах үгсээс тухайн хос гийгүүлэгч үсгийг олж дугуйлна уу.

Авиаг зөв дуудан бичнэ үү.

꼬리 Сүүл 꽃 Цэцэг 뚜껑 Таглай 떡 Дог: будааны жигнэмэг

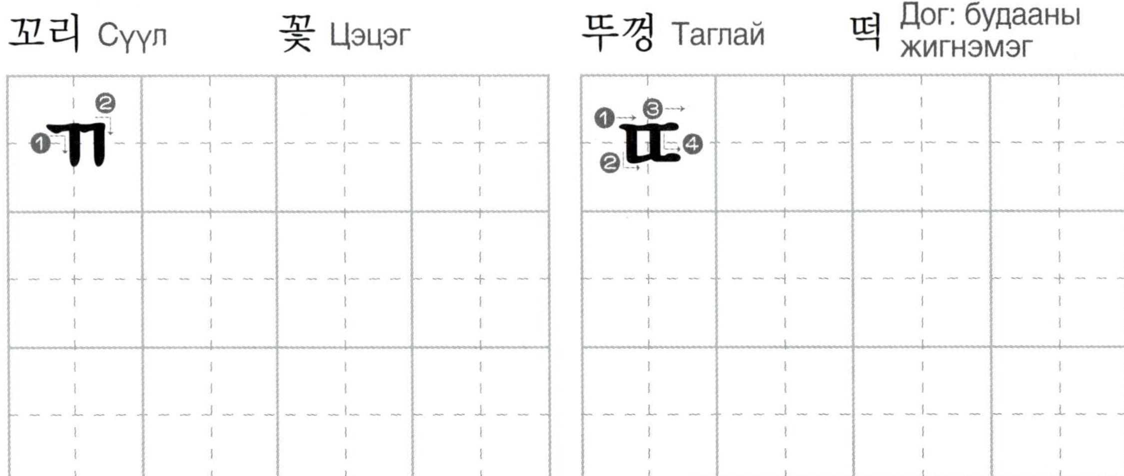

뿌리 Үндэс 빵 Талх

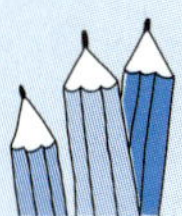

1

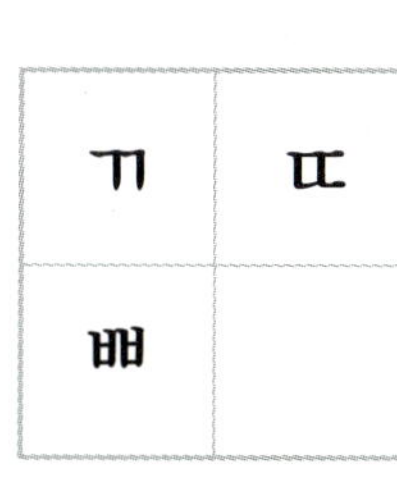

ТТ	ТЦ
ВВ	

2

ТТ	ТЦ
ВВ	

3

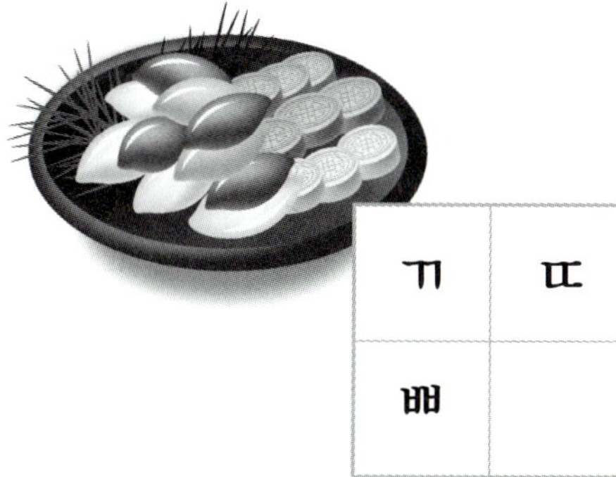

ТТ	ТЦ
ВВ	

 Амандаа авиалж бичнэ үү.

 **28** Авиаг дагаж уншина уу.

쌍시옷
[ss]

쌍지읒
[jj]

*мөн ' ㅉ ' хос гийгүүлэгчийг ' ㅉ ' гэж бичиж болно.

29 Дараах үгсээс тухайн хос гийгүүлэгч үсгийг олж дугуйлна уу.

Авиаг зөв дуудан бичнэ үү.

쓰레기 Хог　　씨름 Бөх　　찌개 Шөл　　찐빵 Мантуу

ㅆ

ㅉ

Зурагт тохирох үгийн эхний гийгүүлэгч үсгийг дугуйлна уу.

1

ㅆ　ㅉ

2

ㅆ　ㅉ

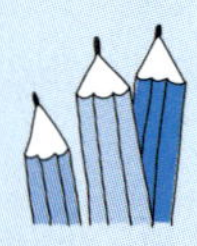

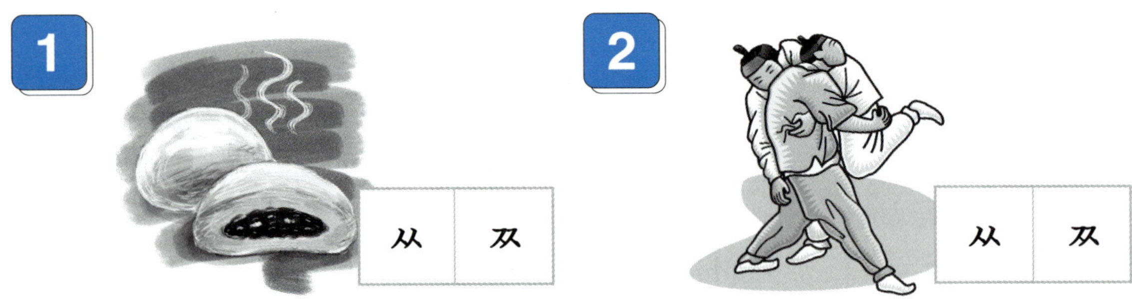

 Амандаа авиалж бичнэ үү.

 Зурагт тохирох үгийн эхний гийгүүлэгч үсгийг холбож зурна уу.

30 Зурагт тохирох үгийн эхний гийгүүлэгч үсгийг бичнэ үү.

 Ижил гийгүүлэгч үсгээр эхэлсэн үгийг олж холбон бичнэ үү.

 Хос гийгүүлэгч үсгийг ялгаж дугуйлна уу. (5 хос гийгүүлэгч)

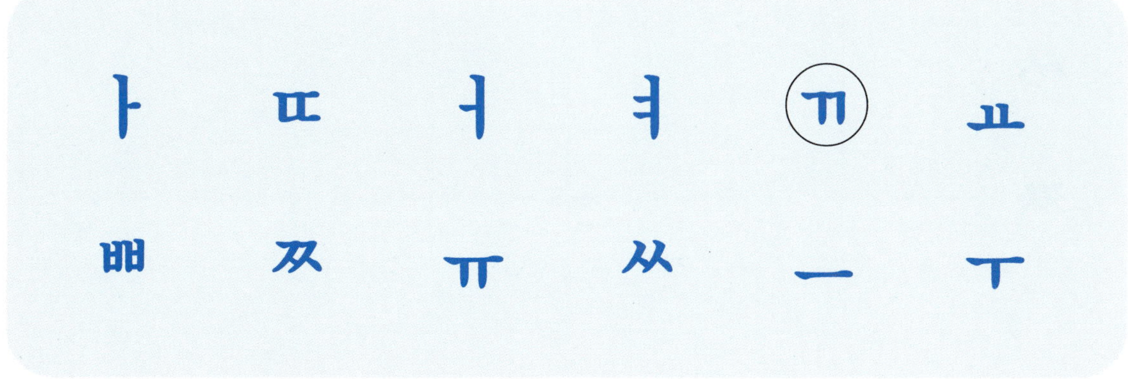

 Дараах үгсээс гийгүүлэгч үсгийг ялгаж бичнэ үү.

1 토끼　　ㅌ　ㄲ　　**2** 허리띠

3 아빠　　　　　　　**4** 코끼리

 Хос гийгүүлэгч үсгүүдийг амандаа чанга авиалж бичнэ үү.

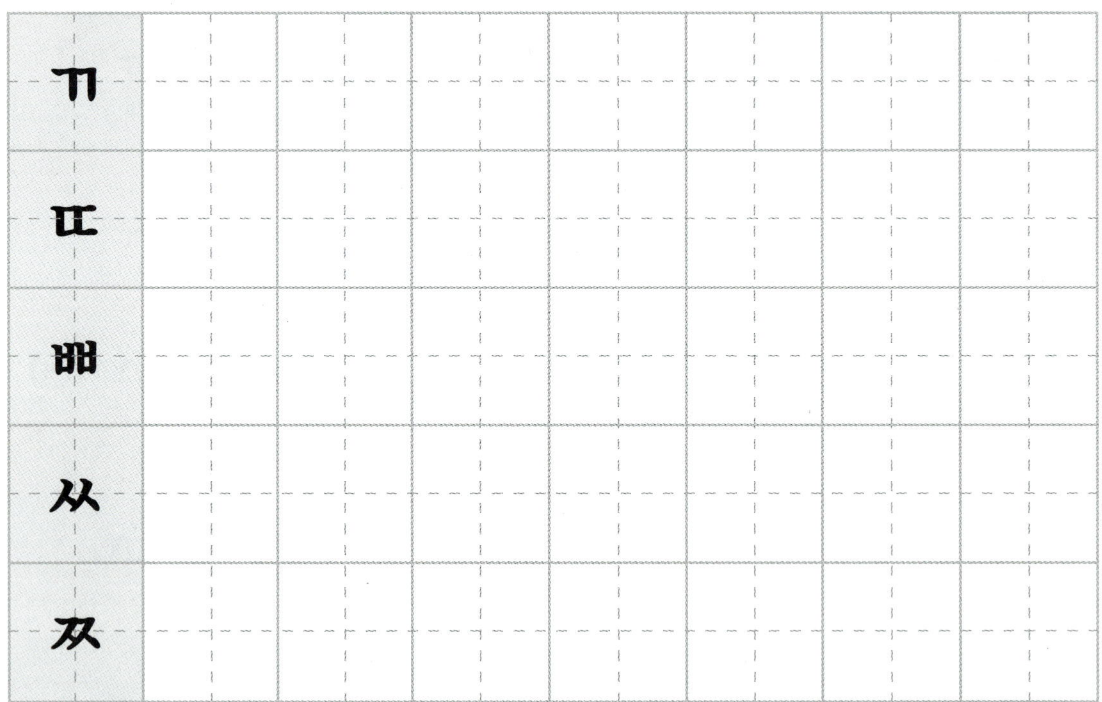

Хангыл үсгийг хэн бүтээсэн бэ?

Дэлхийн олон орны бичиг үсэг дундаас хэн, хэзээ, хаана, юуг, хэрхэн, яагаад бүтээсэн талаар тодорхой мэдэж болох бичиг үсэг бол зөвхөн Хангыл үсэг гэж хэлэхэд хэтрүүлэг болохгүй болов уу.

Сэжун их хаан 1443 онд Кёнбүггүн өргөөндөө "Хүн Мин Жон Ым"-ийг бүтээсэн бөгөөд ард түмэндээ зориулж ертөнцийн 2 таталцах хүч, 5 бодисийн тухай гүн ухааны үзэлд үндэслэн хүний өгүүлэх эрхтний онцлог дээр тулгуурлан уг бичиг үсгийг өөрийн биеэр гардан бүтээлцсэн юм.

Энэ тухай түүхэн бичээст тухайлбал "Сэжун хааны түүхэн тэмдэглэл"-д "Энэ сард Сэжун их хаан хэл бичгийн 28 үсгийг гардан бүтээсэн" гэж, мөн түүнчлэн "1443 оны өвөл бидний дээдийн гэгээн хаан 28 үсгийг анхлан зохиож жишээ татан тайлбарлаж түүнийгээ "Хүн Мин Жон Ым" гэж нэрлэлээ" гэж тэмдэглэсэн байдаг. Тухайн үед "Хүн Мин Жон Ым" гэж анхлан нэрлэсэн боловч хожим сүүлд Жү Ши Гён багш Хангыл үсэг болгон өөрчлөн нэрлэсэн юм.

Сэжун их хаан 1446 оны 9 сард "Хүн Мин Жон Ым" хэмээх номоо бичиж дуусган ард түмэндээ таниулан гаргасан энэхүү өдөр нь аргийн тооллын 10 сарийн 9 өдөр байсан бөгөөд өнөөг хүртэл үндэсний баярын хэмжээнд Хангыл цагаан толгойн баяр болгон тэмдэглэж ирсэн юм. Сэжун их хаан "Хүн Мин Жон Ым" -ийг зохион бүтээснийхээ дараа ард олондоо дэлгэрүүлж, бичиг үсэгт тайлагдахад нь ихээхэн анхаарч Хангыл үсгийн тухай хэд хэдэн ном нэмж бичин гаргасан ба Хангыл үсэг сайн сурсан хүмүүсийг удирдах ажилд томилж "Хюу Де Еый" хэмээх зоосыг бүтээн Хангыл үсгийн ертөнцөд өргөн барьсан юм.

①-1 Гийгүүлэгч + эгшиг(ㅏ, ㅑ, ㅓ, ㅕ, ㅣ)

Гийгүүлэгчийн 'ㄱ' үсгийн араас эгшиг үсэг 'ㅏ, ㅑ, ㅓ, ㅕ, ㅣ' залган орвол дараах байдлаар үе бүтнэ.

Гийгүүлэгч	Эгшиг	Үе
	ㅏ	→ 가
	ㅑ	→ 갸
ㄱ +	ㅓ	→ 거
	ㅕ	→ 겨
	ㅣ	→ 기

Үе холбож бичнэ үү.

Гийгүүлэгч		Эгшиг		Үе
ㄱ	+	ㅏ	→	가
ㄱ	+	ㅑ	→	
ㄴ	+	ㅓ	→	
ㄷ	+	ㅕ	→	
ㄹ	+	ㅣ	→	
ㅁ	+	ㅏ	→	
ㅂ	+	ㅑ	→	
ㅅ	+	ㅓ	→	
ㅇ	+	ㅕ	→	
ㅈ	+	ㅣ	→	
ㅊ	+	ㅏ	→	
ㅋ	+	ㅑ	→	
ㅌ	+	ㅓ	→	
ㅍ	+	ㅕ	→	
ㅎ	+	ㅑ	→	

1-2 Гийгүүлэгч + эгшиг(ㅗ, ㅛ, ㅜ, ㅠ, ㅡ)

Гийгүүлэгчийн 'ㄱ' үсгийн араас эгшиг үсэг 'ㅗ, ㅛ, ㅜ, ㅠ, ㅡ'
залган орвол дараах байдлаар үе бүтнэ.

Гийгүүлэгч	Эгшиг	Үе
	ㅗ	→ 고
	ㅛ	→ 교
ㄱ +	ㅜ	→ 구
	ㅠ	→ 규
	ㅡ	→ 그

Гийгүүлэгч		Эгшиг		Үе
ㄱ	+	ㅗ	→	고
ㄱ	+	ㅛ	→	
ㄴ	+	ㅜ	→	
ㄷ	+	ㅠ	→	
ㄹ	+	ㅡ	→	
ㅁ	+	ㅗ	→	
ㅂ	+	ㅛ	→	
ㅅ	+	ㅜ	→	
ㅇ	+	ㅠ	→	
ㅈ	+	ㅡ	→	
ㅊ	+	ㅗ	→	
ㅋ	+	ㅛ	→	
ㅌ	+	ㅜ	→	
ㅍ	+	ㅠ	→	
ㅎ	+	ㅡ	→	

Авиаг зөв дуудан үе холбож бичнэ үү.

Жишээлбэл : ㄱ+ㅏ=가 / ㄱ+ㅗ=고

	ㅏ	ㅓ	ㅗ	ㅜ	ㅡ	ㅣ
ㄱ	가				그	
ㄴ		너				니
ㄷ			도			
ㄹ				루		

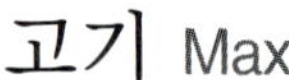

고기 Мах

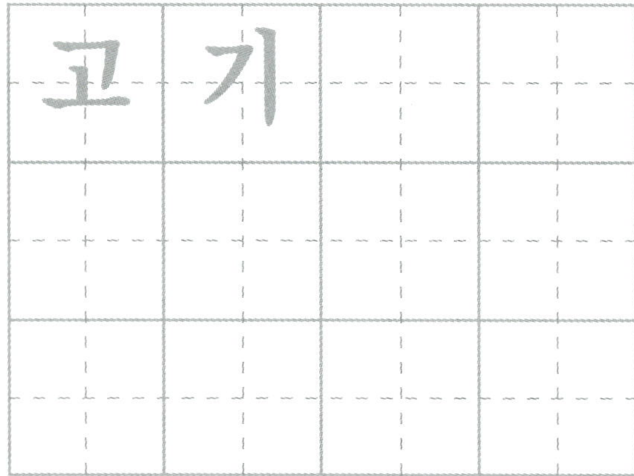

나 Би

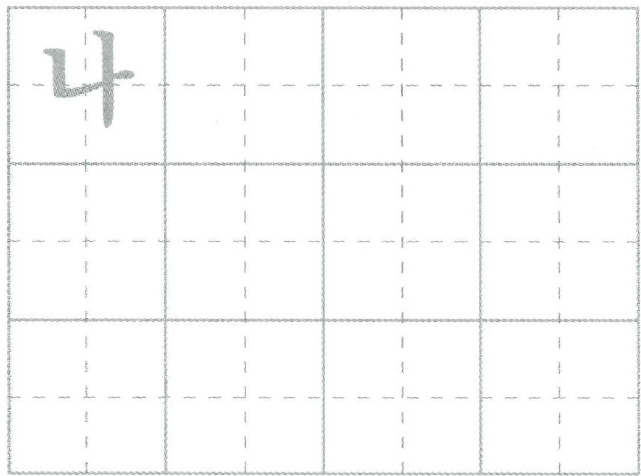

너 Чи

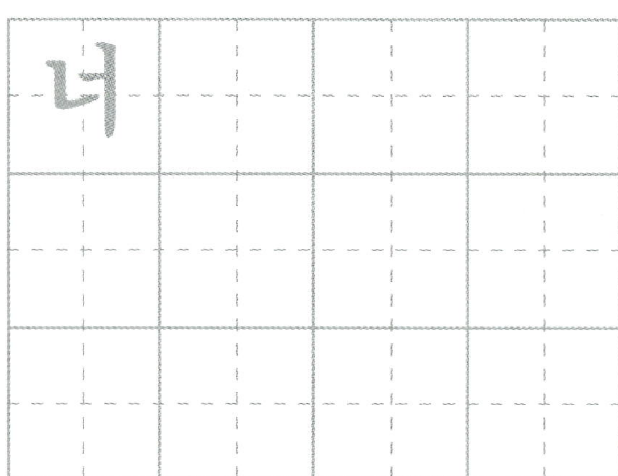

누나 Эгч

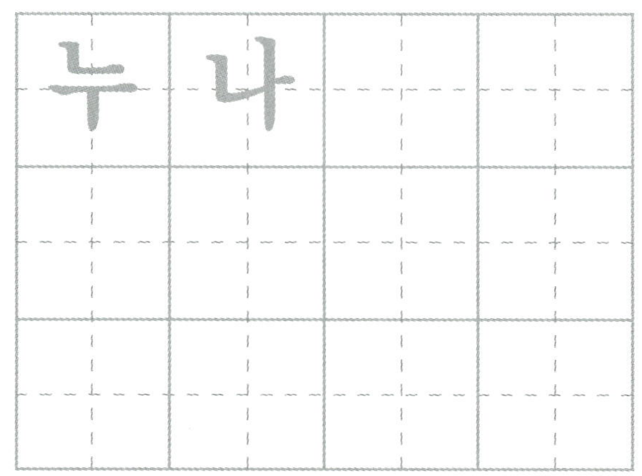

가다 Явах

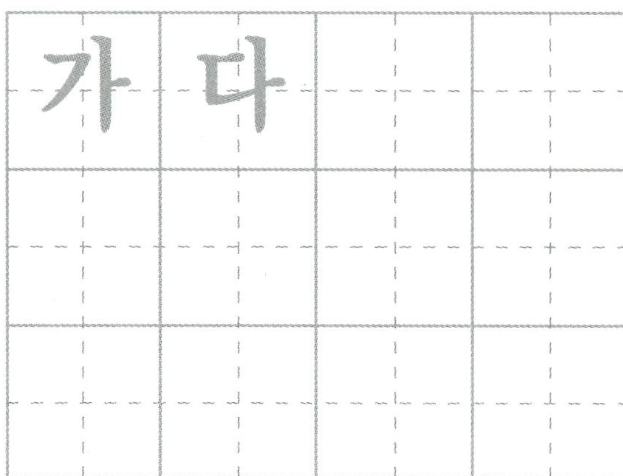

나가다 гарч явах

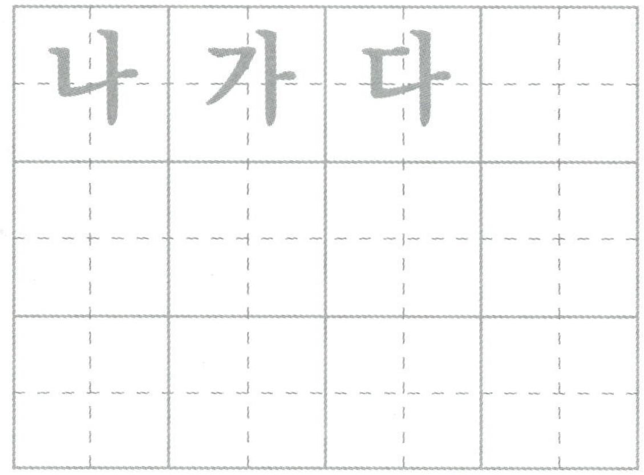

다니다 Байнга явах

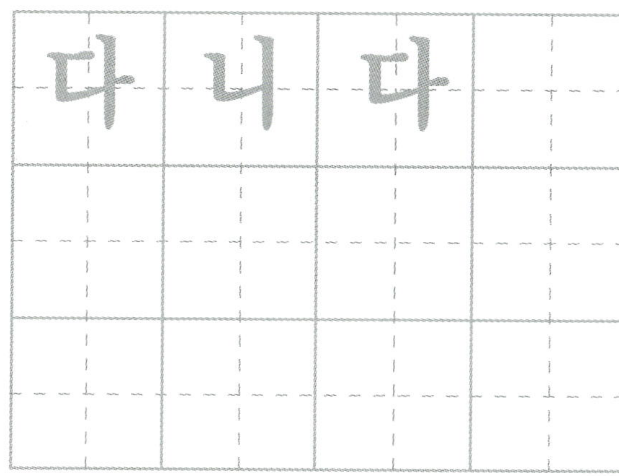

다리 Хөл

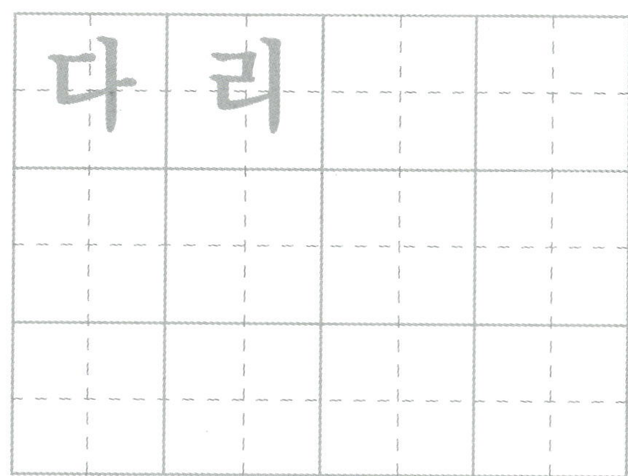

도로 Зам

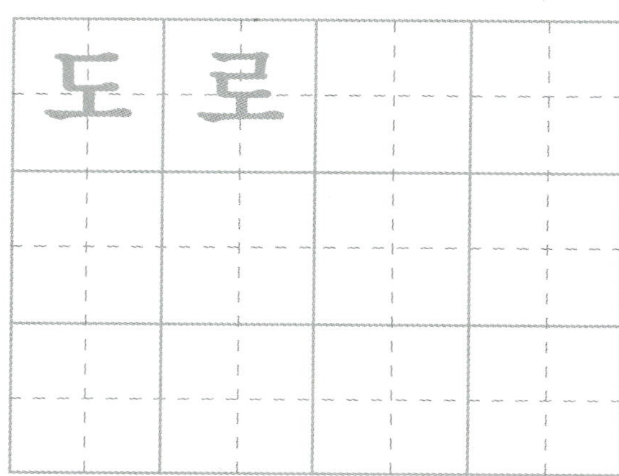

구두 Гутал

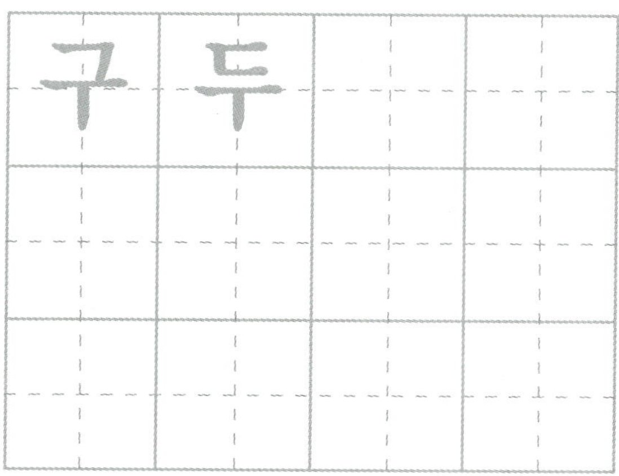

다르다 Өөр, ондоо

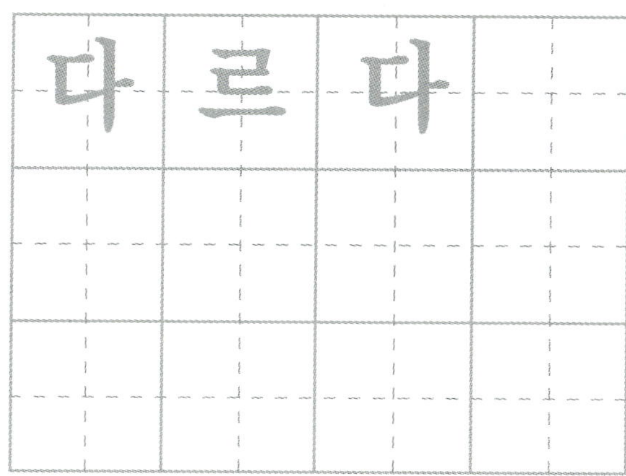

기다리다 Хүлээх

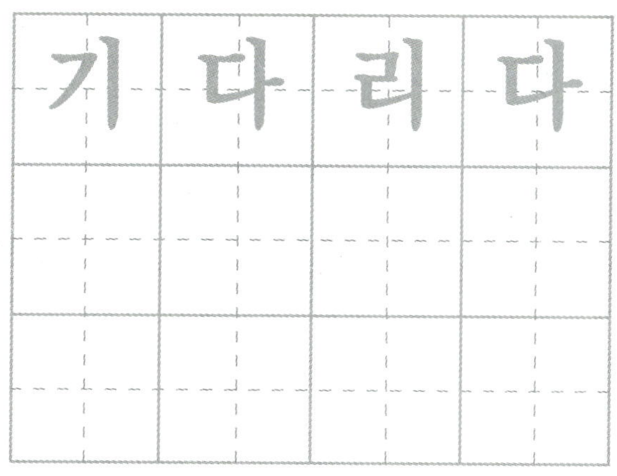

1

나
너

2

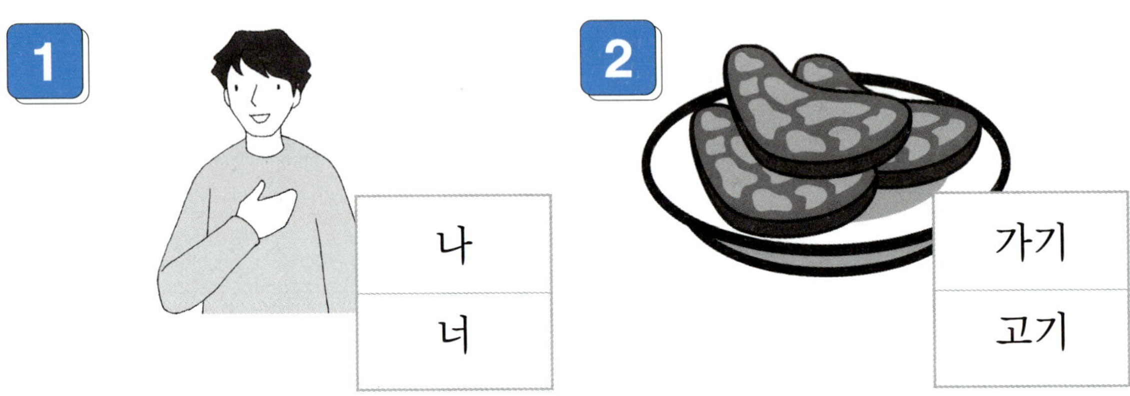

가기
고기

3

□ ≠ ○

다르다
두르다

4

기다리다
가다보다

5

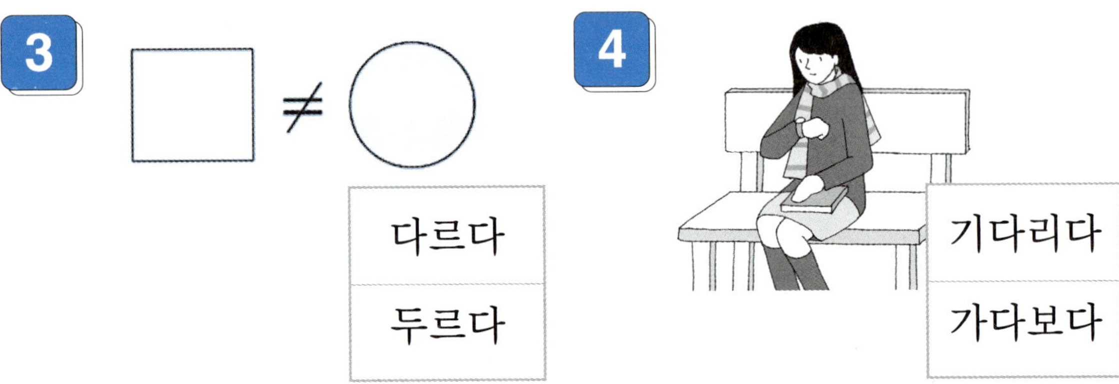

다리
도로

6

나가다
다니다

1

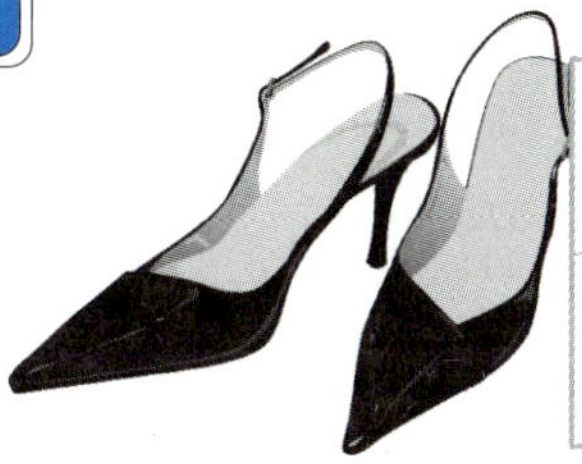

다	더
도	두

구 □

2

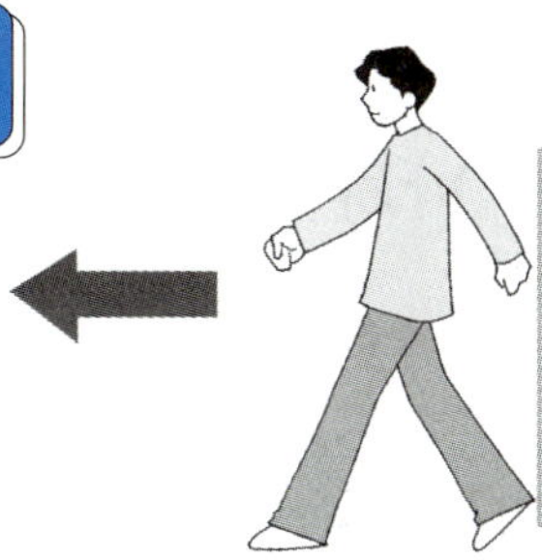

가	거
고	그

□ 다

3

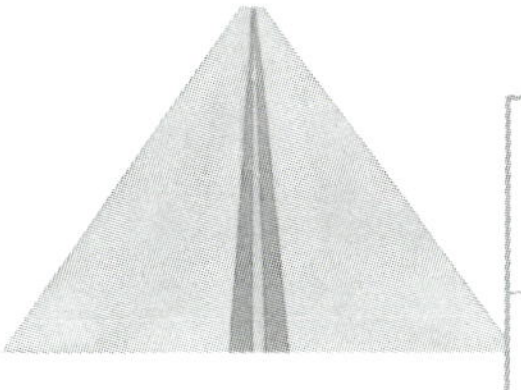

도	두
드	디

□ 로

4

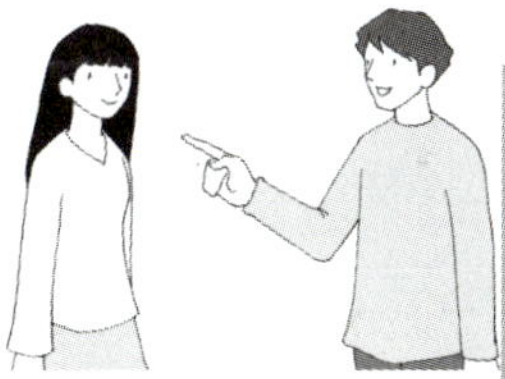

나	너
노	누

□ □

5

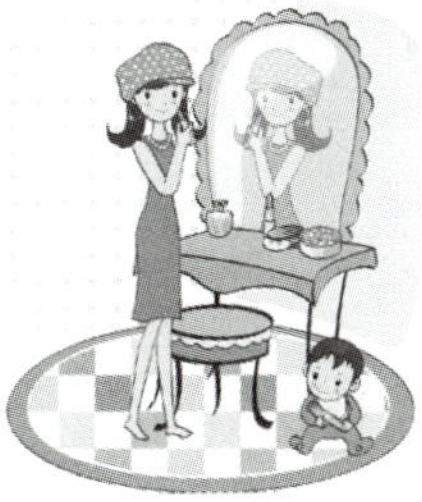

나	너
노	누

□ 나

6

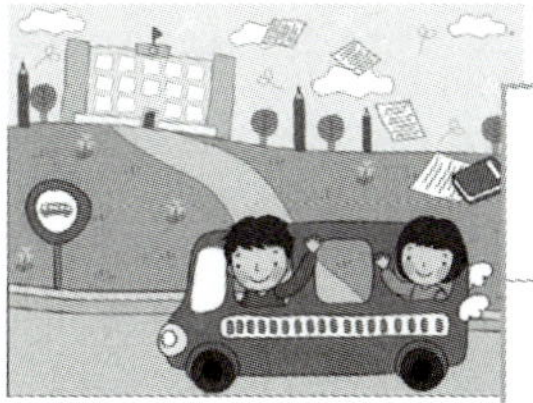

다	더
도	두

나 다

 **Үе холбож уншина уу.**

1 **아이가 가다**
Хүүхэд явах

2 **나를 기다리다**
Намайг хүлээх

3 **누나가 나가다**
Эгч гарах

4 **구두가 다르다**
Гутал ондоо байх

 **Амандаа авиалж бичнэ үү.**

고기					
나					
너					
누나					
가다					
나가다					
다니다					
다리					
도로					
구두					
다르다					
기다리다					

Авиаг зөв дуудан үе холбож бичнэ үү.

Жишээлбэл : ㅁ + ㅏ = 마 / ㅁ + ㅗ = 모

	ㅏ	ㅓ	ㅗ	ㅜ	ㅡ	ㅣ
ㅁ	마				므	
ㅂ		버				비
ㅅ			소			
ㅇ				우		

고구마 Чихэрлэг төмс

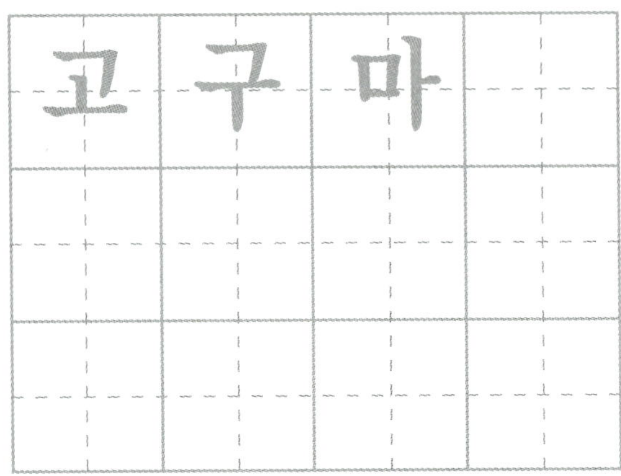

머리 Толгой

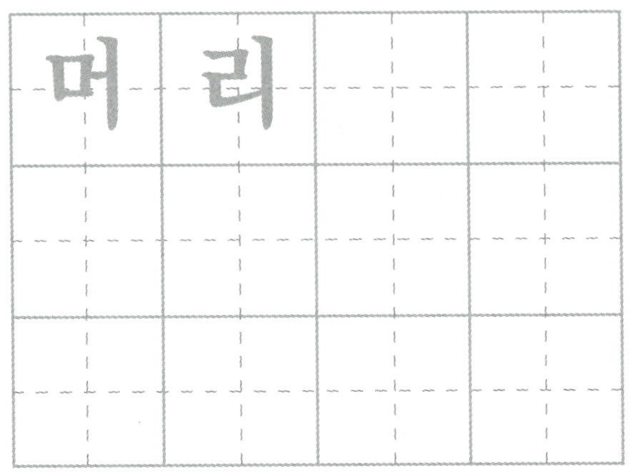

어머니 Ээж

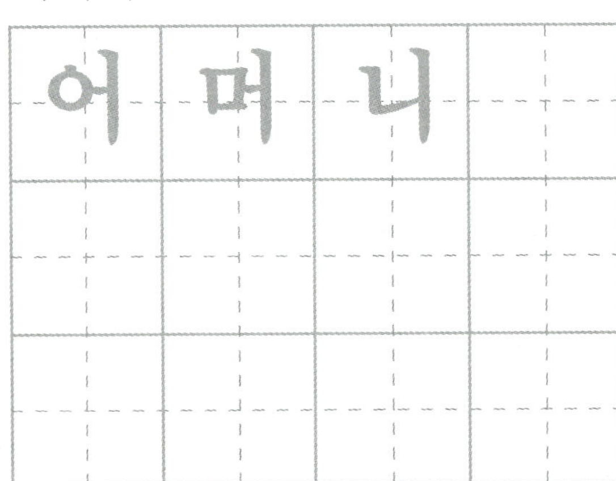

모르다 Мэдэхгүй

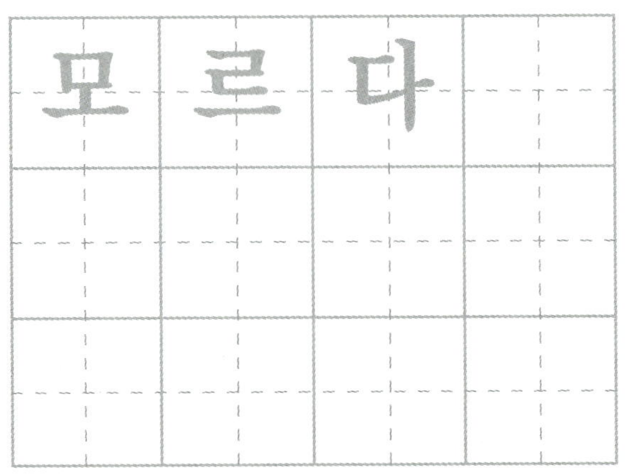

나무 Мод

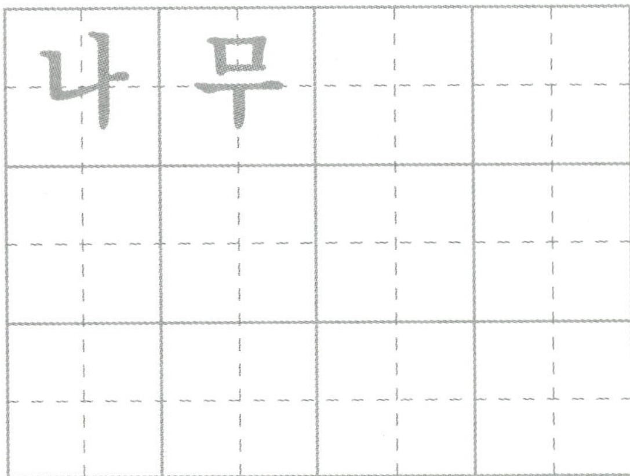

바다 Далай

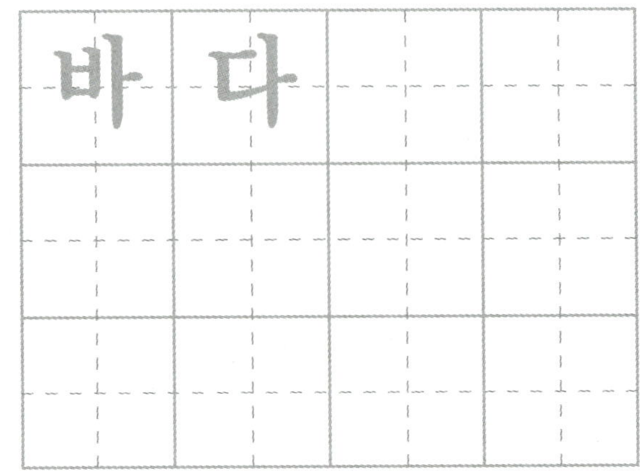

버스 Автобус

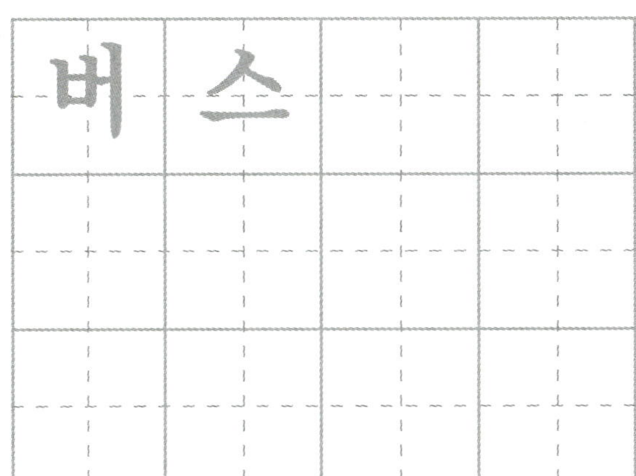

보다 Харах, үзэх

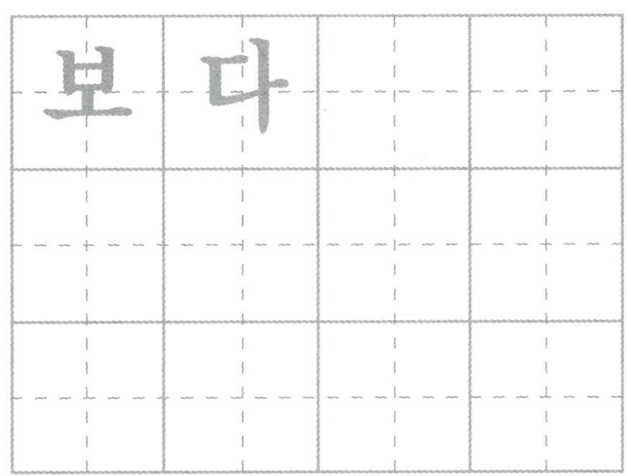

비 Бороо

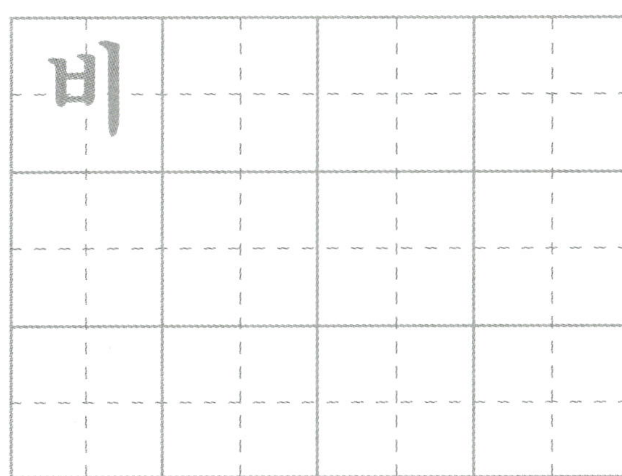

사다 Худалдаж авах

마시다 Уух

아기 Хүүхэд

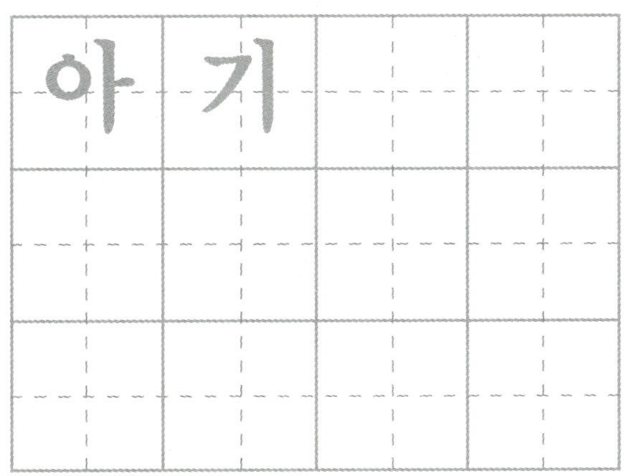

1

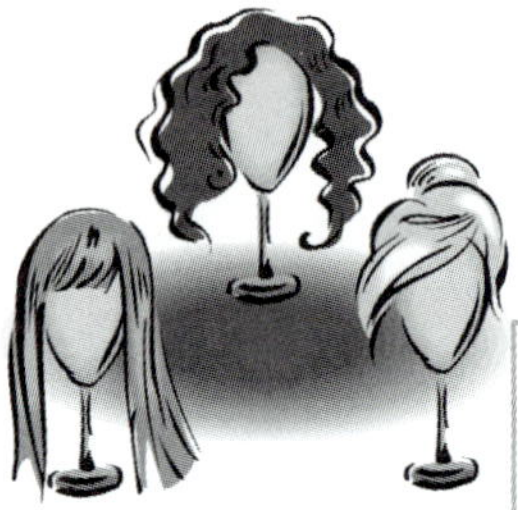

머리

보리

2

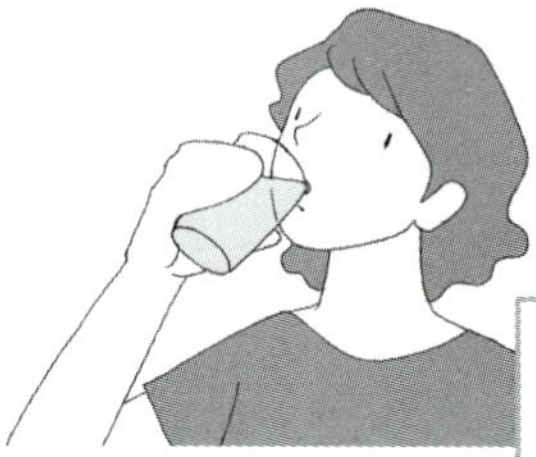

마시다

다시다

3

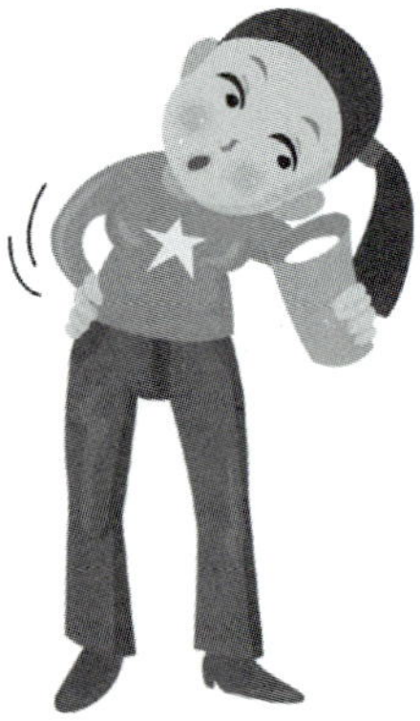

바다

보다

4

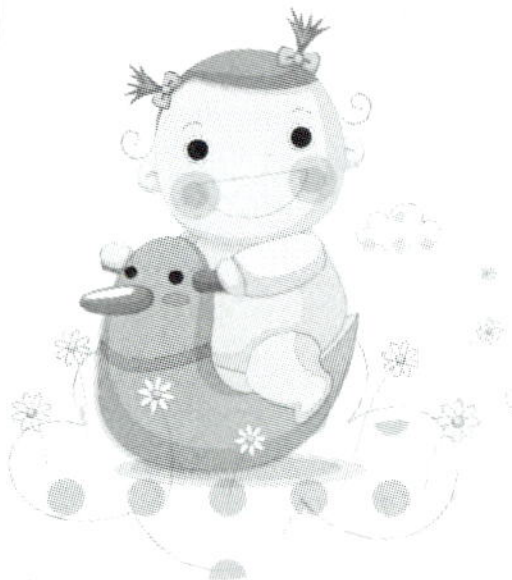

오리

아기

5

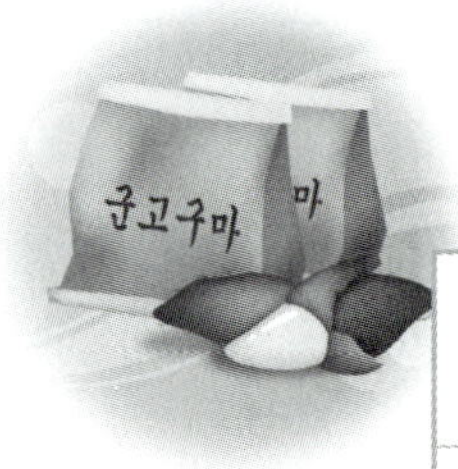

가고마

고구마

6

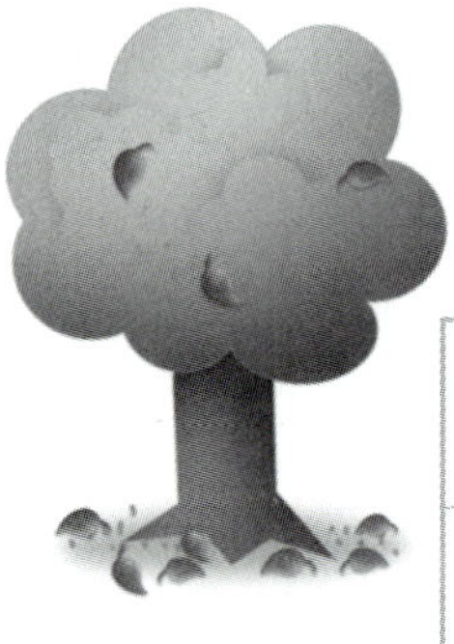

나무

너무

Зурагт тохирох үгийн үеийг зөв сонгож бичнэ үү.

1

바	버
보	부

	다

2

소	수
스	시

버	

3

마	머
모	무

	르	다

4

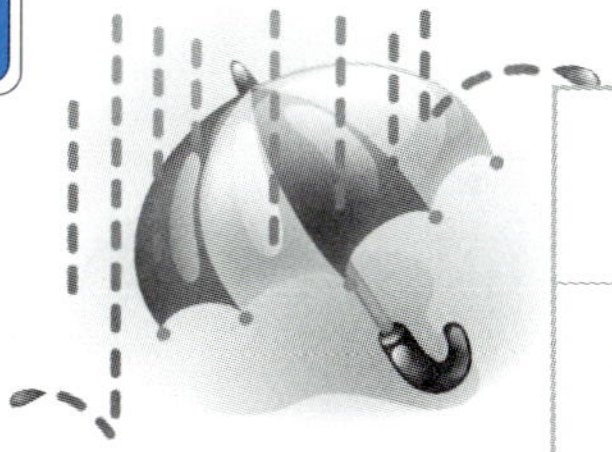

보	부
브	비

5

사	서
소	수

	다

6

마	머
모	무

어		니

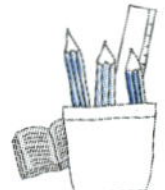 Ye холбож уншина уу.

1 **바다를 보다**

Далай харах

2 **어머니가 고구마를 사다**

Ээж чихэрлэг төмс худалдаж авах

3 **아기가 비를 모르다**

Хүүхэд бороо мэдэхгүй

4 **바다에 가다**

Далай явах

 Амандаа авиалж бичнэ үү.

고구마				
머리				
어머니				
모르다				
나무				
바다				
버스				
보다				
비				
사다				
마시다				
아기				

Авиаг зөв дуудан үе холбож бичнэ үү.

Жишээлбэл : ㅈ + ㅏ = 자 / ㅈ + ㅗ = 조

	ㅏ	ㅓ	ㅗ	ㅜ	ㅡ	ㅣ
ㅈ	자			주		
ㅊ		처			츠	
ㅋ			코			키

자다 Унтах

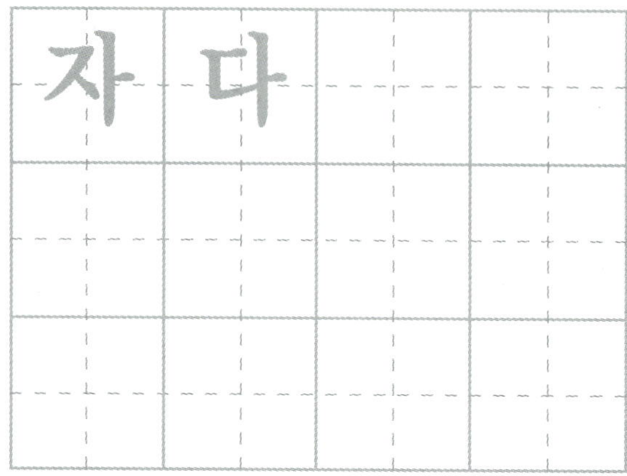

주다 Өгөх

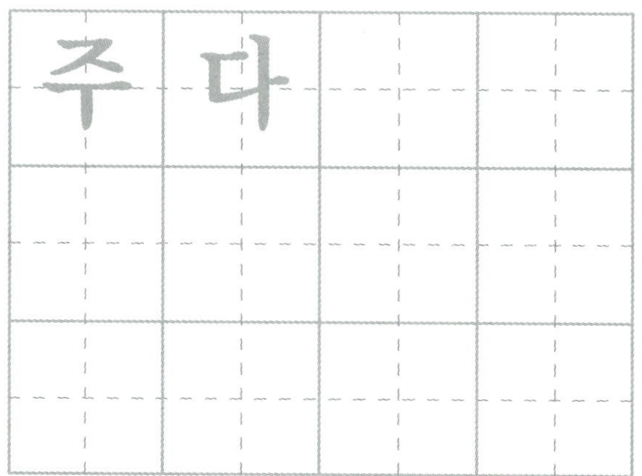

자르다 Тайрах

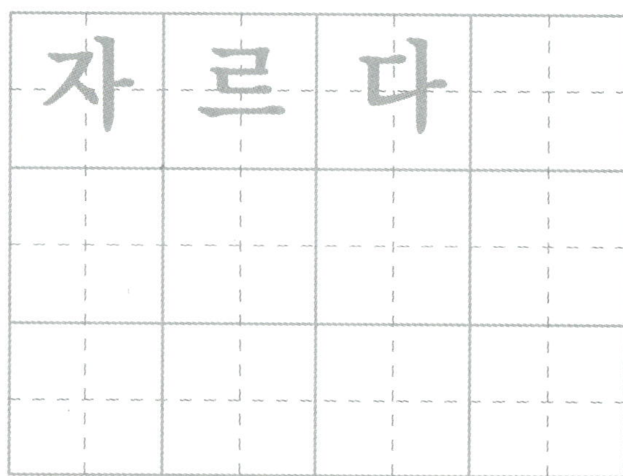

주스 Жүүс

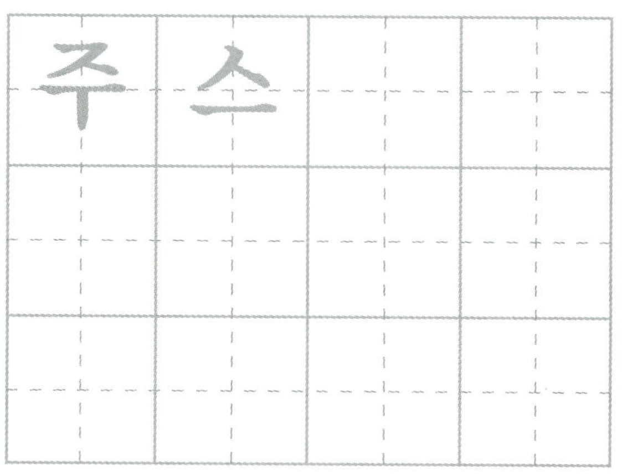

기차 Галт тэрэг

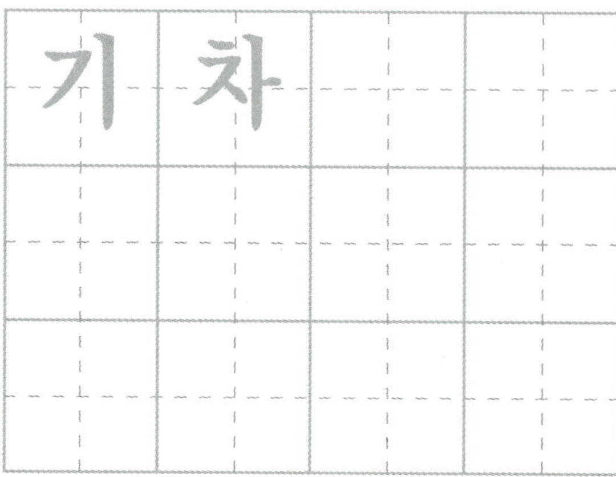

치마 Юбка

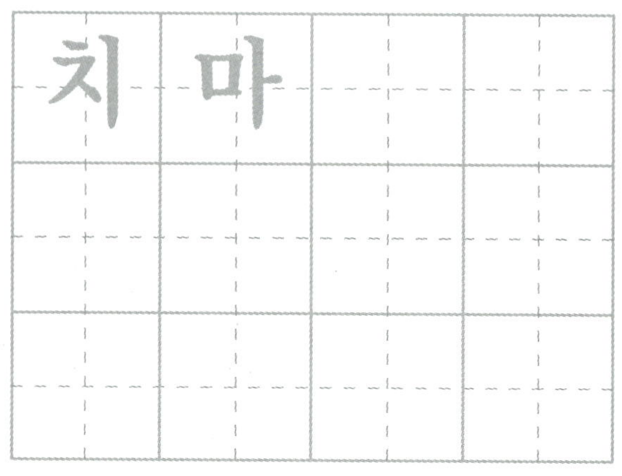

카드 Карт

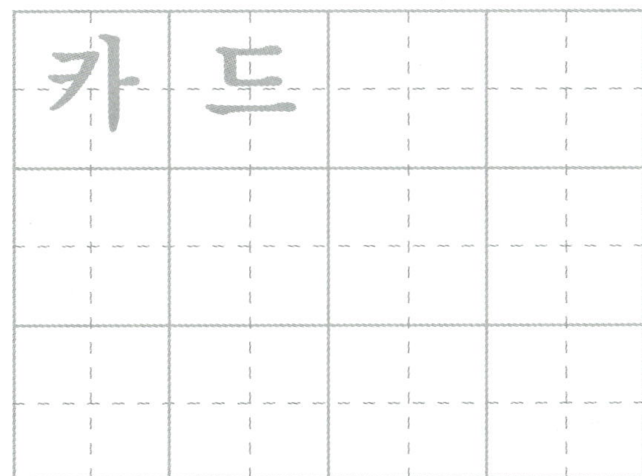

마스크 Маск

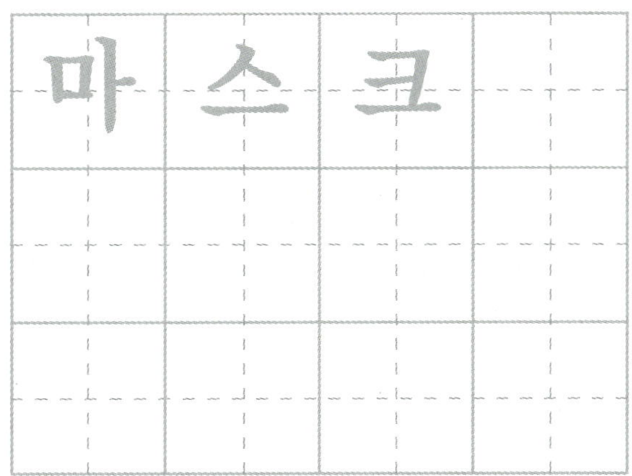

크다 Том

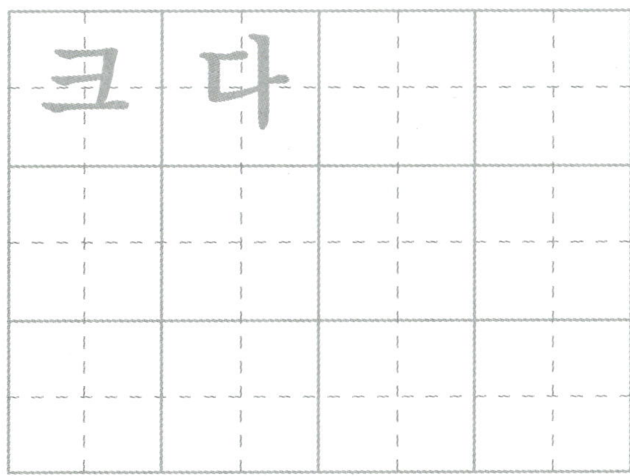

키 Чац, нуруу

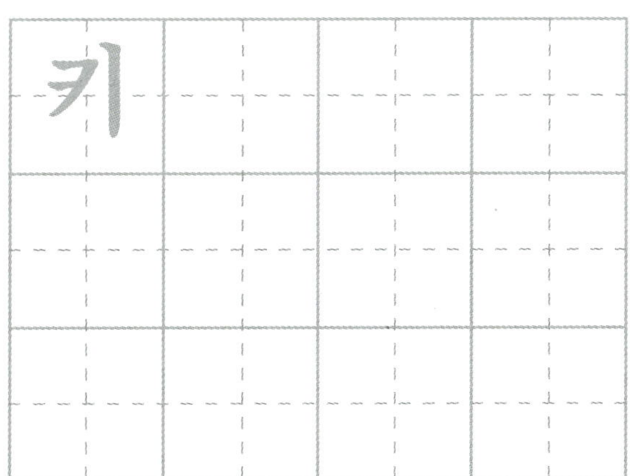

Зурагт тохирох үгийг зөв сонгоно уу.

1

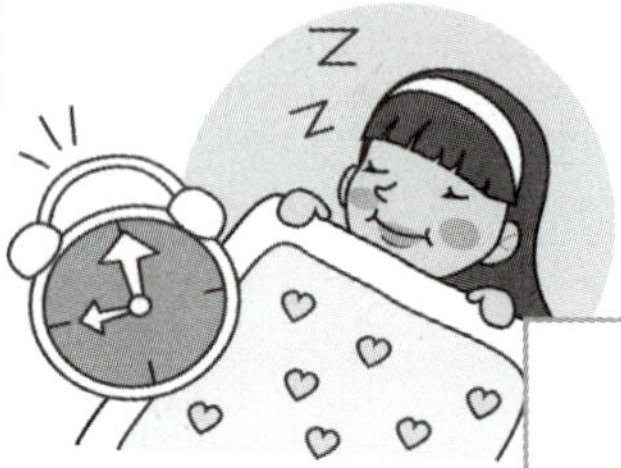

차다

자다

2

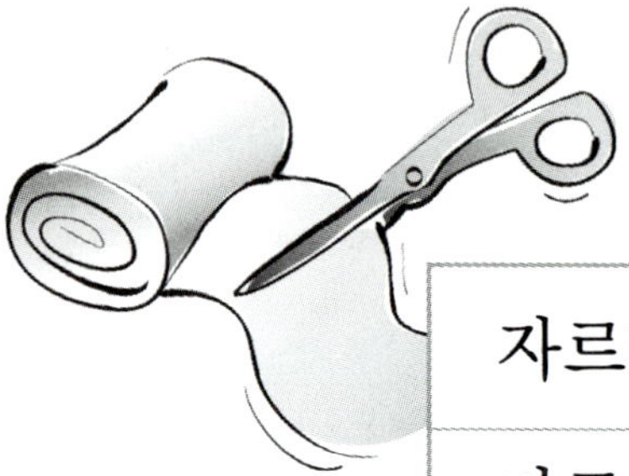

자르다

다르다

3

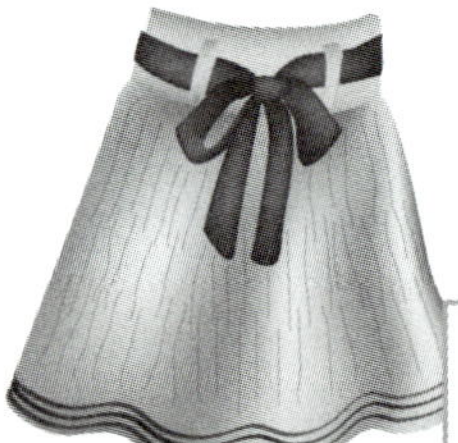

치마

지마

4

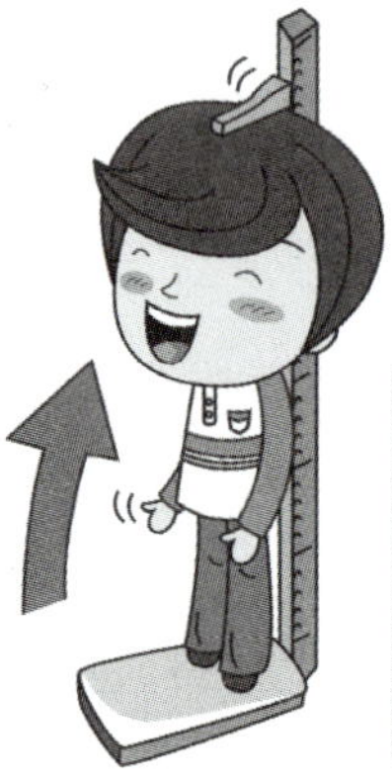

카

키

5

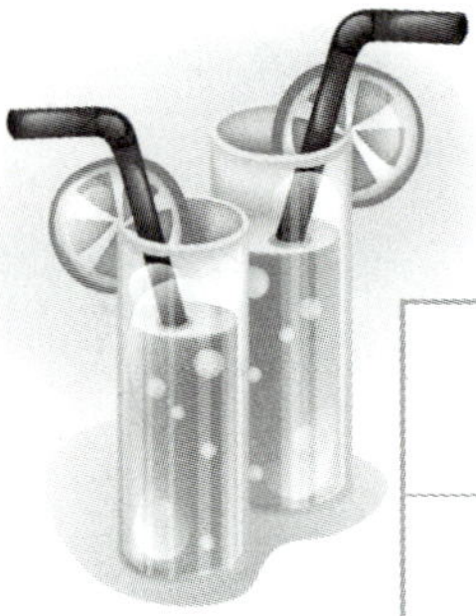

주스

기차

6

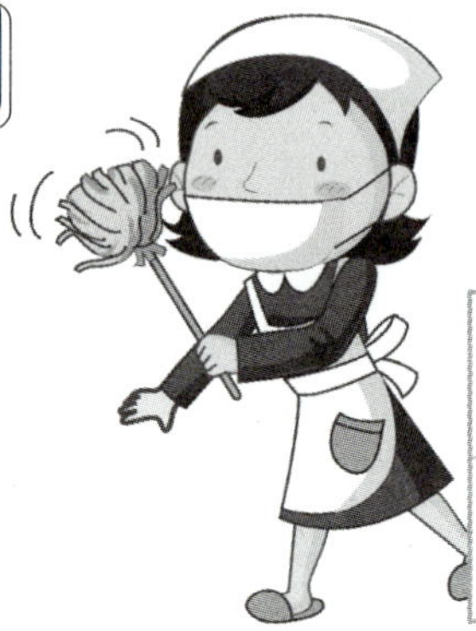

미스트

마스크

1

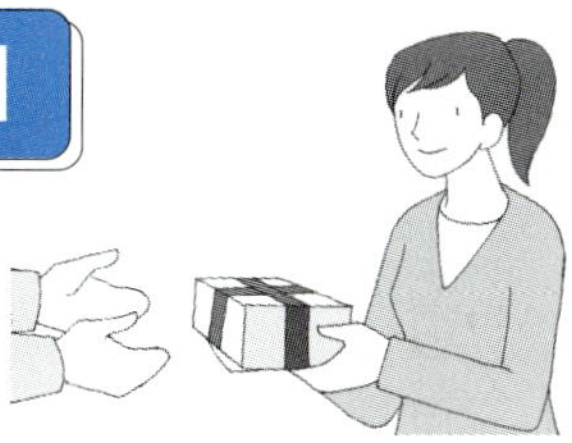

조	주
즈	지

다

2

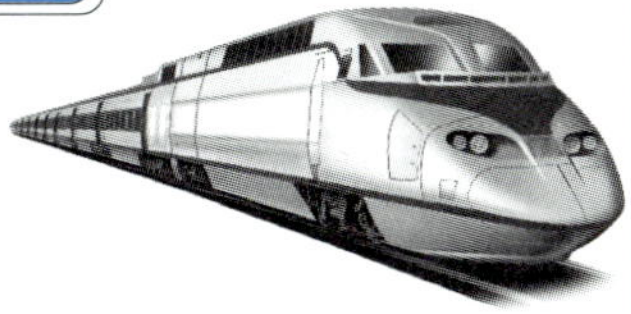

차	처
초	추

기

3

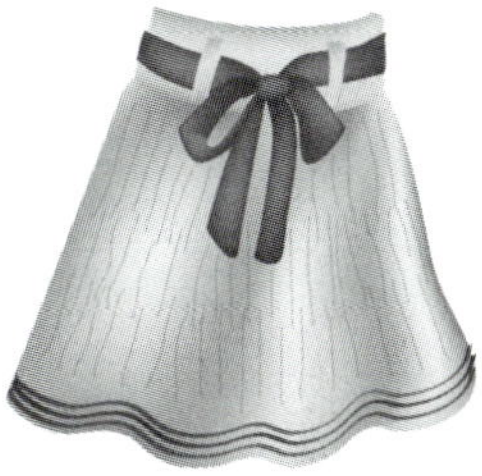

초	추
츠	치

마

4

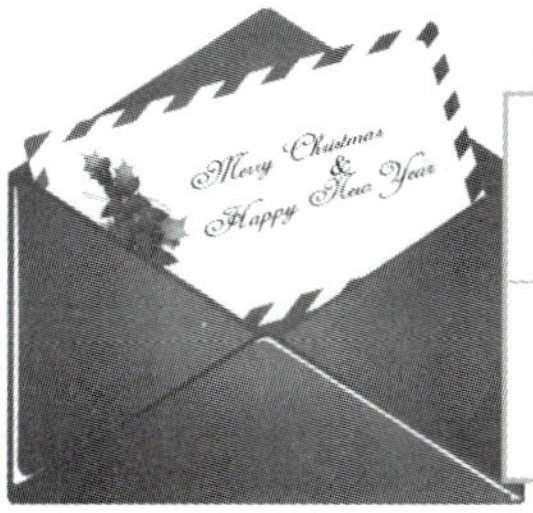

카	커
코	쿠

드

5

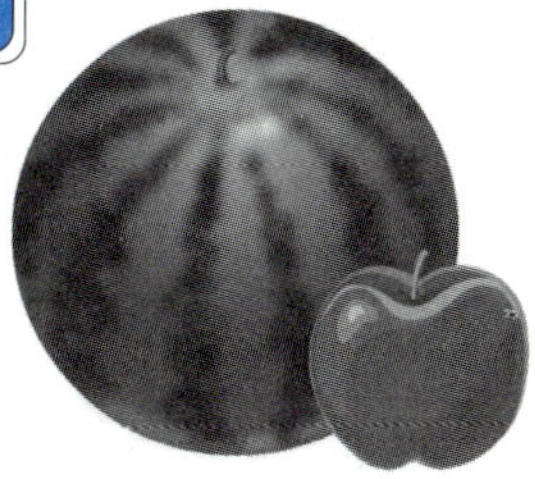

코	크
쿠	키

다

6

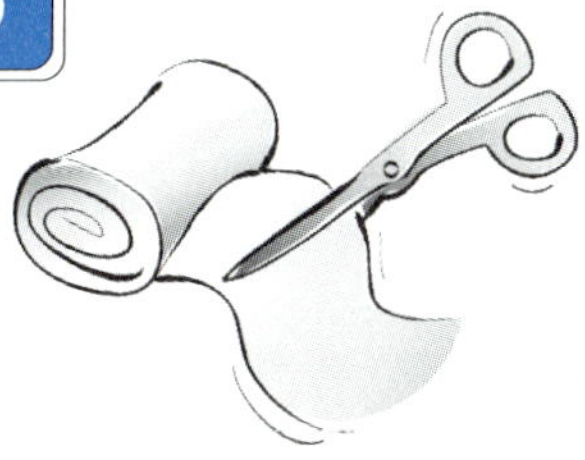

자	저
조	주

르 다

 Үе холбож уншина уу.

1 아기가 자다
Хүүхэд унтах

2 키가 크다
Чац өндөр

3 치마를 자르다
Юбка тайрах

4 주스를 마시다
Жүүс уух

 Амандаа авиалж бичнэ үү.

자다					
자르다					
주다					
주스					
기차					
치마					
카드					
마스크					
크다					
키					

Үндсэн гийгүүлэгч + Эгшиг ④

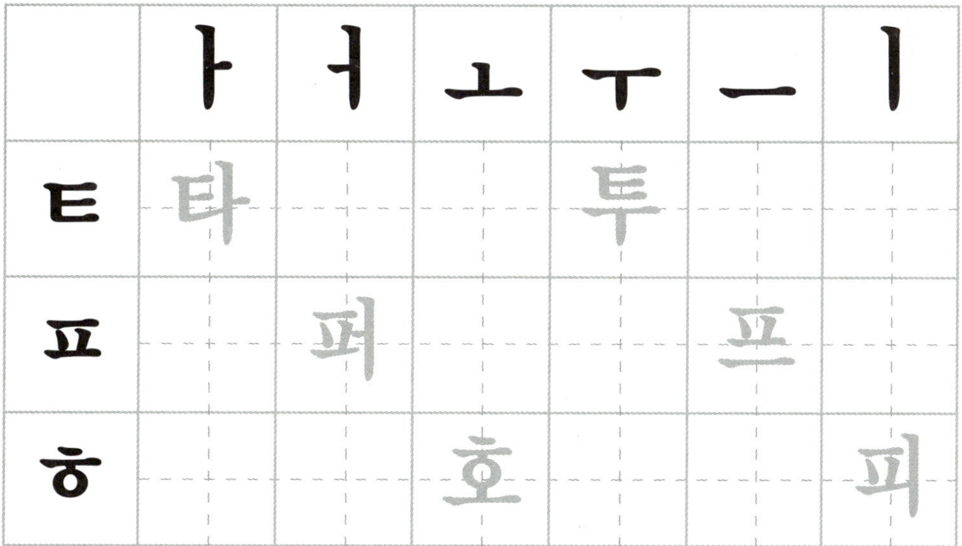

Авиаг зөв дуудан үе холбож бичнэ үү.

Жишээлбэл : ㅌ + ㅏ = 타 / ㅌ + ㅗ = 토

	ㅏ	ㅓ	ㅗ	ㅜ	ㅡ	ㅣ
ㅌ	타			투		
ㅍ		퍼			프	
ㅎ			호			피

Авиаг зөв дуудан бичнэ үү.

타다 Суух : тээврийн хэрэгсэлд

코트 Пальто

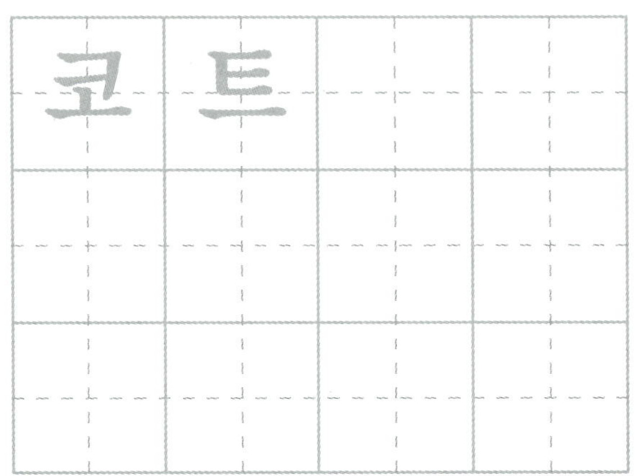

파리 Ялаа, Парис

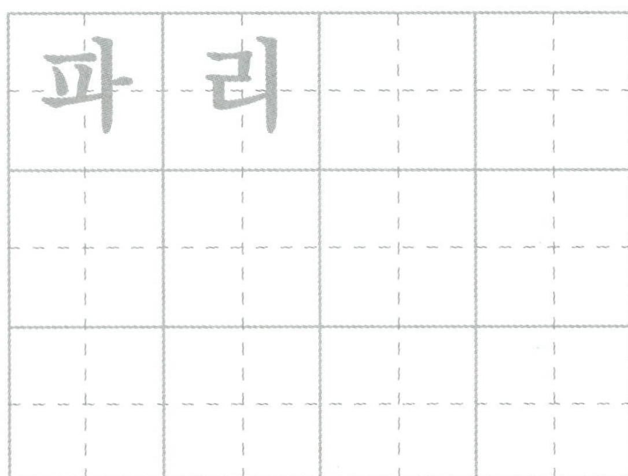

아파트 Орон сууц

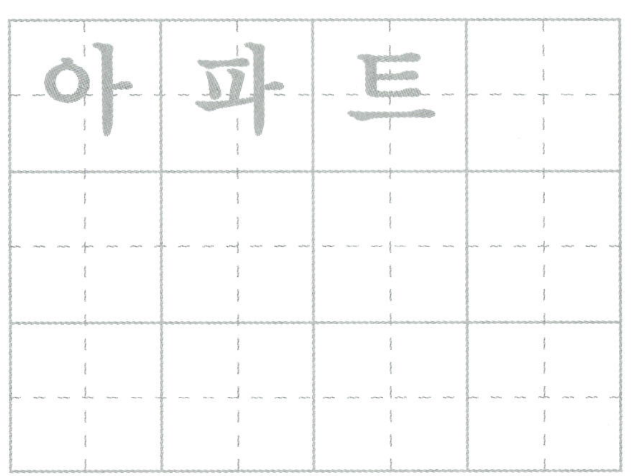

포크 Сэрээ

아프다 Өвдөх

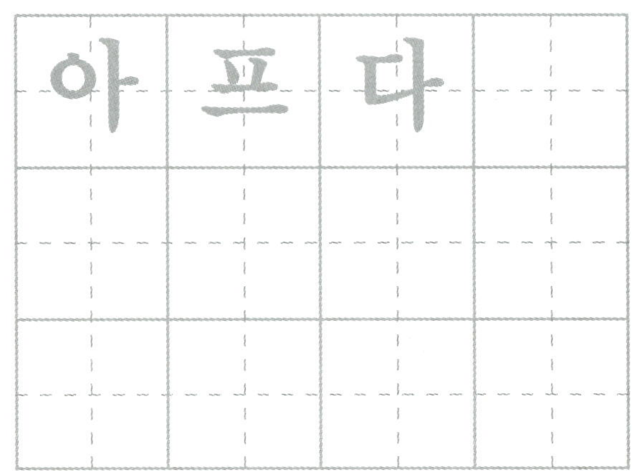

피아노 Төгөлдөр хуур

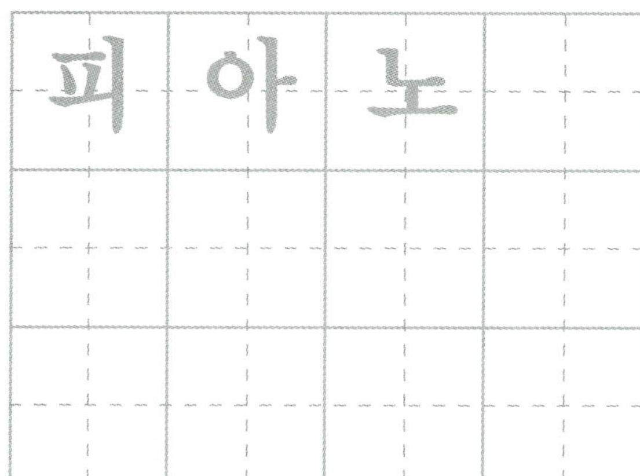

피자 Пицца

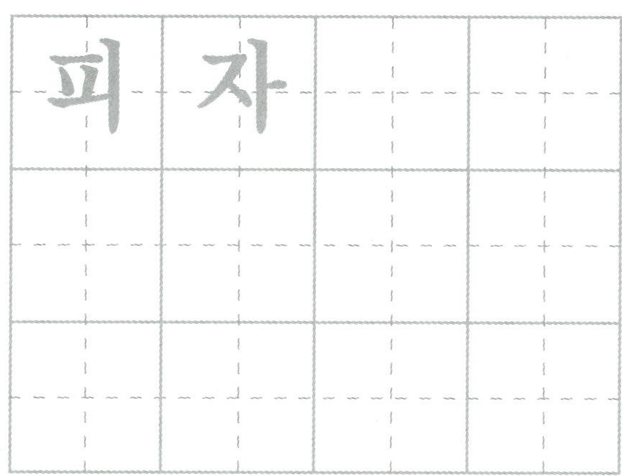

허리 Бэлхүүс

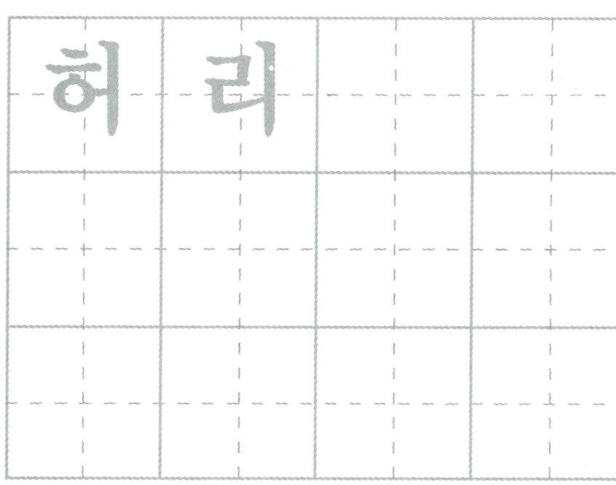

호수 Нуур

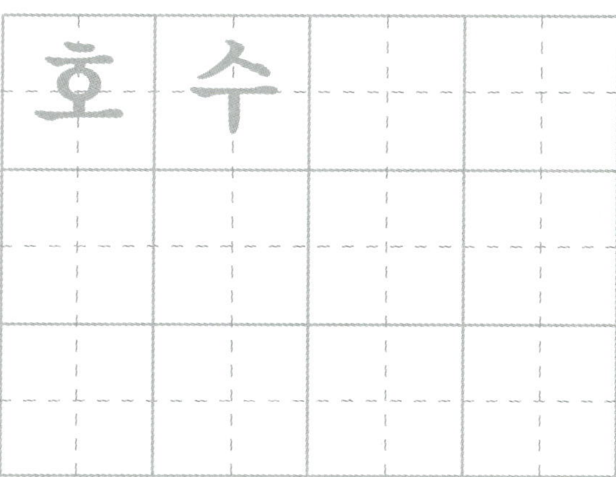

1

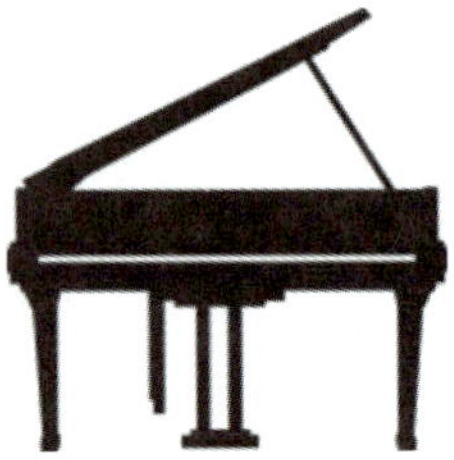

피아노
파이프

2

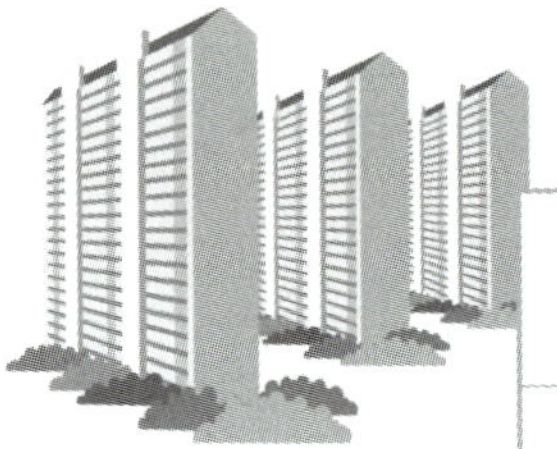

아파트
아프다

3

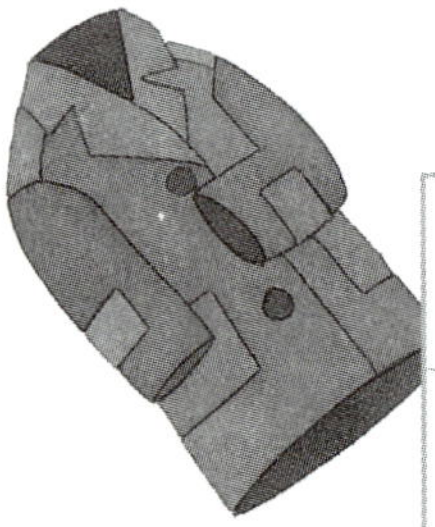

코트
카드

4

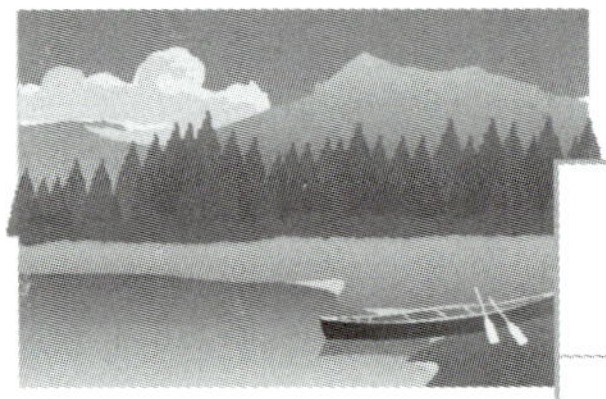

호두
호수

5

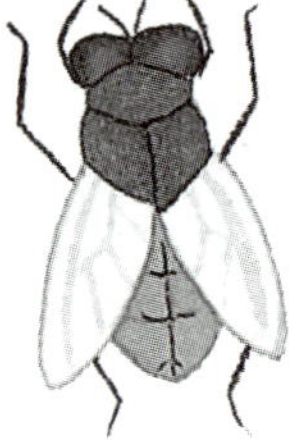

파리
피리

6

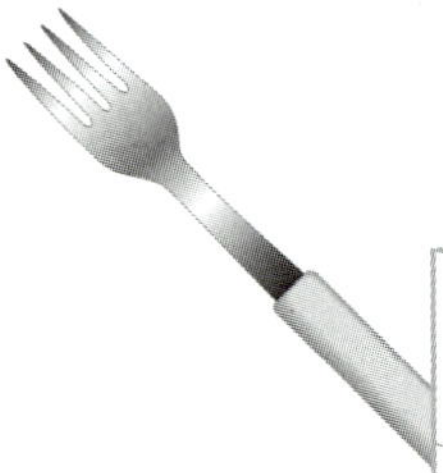

포크
포도

Зурагт тохирох үгийн үеийг зөв сонгож бичнэ үү.

1

타	터
토	투

다

2

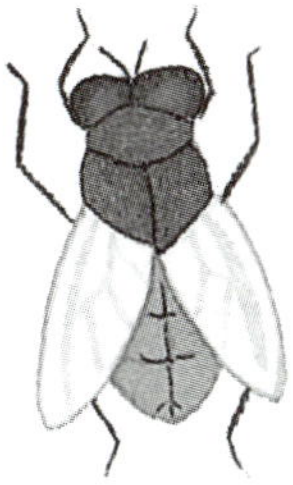

파	퍼
포	푸

리

3

토	투
트	티

아 파

4

하	허
호	후

리

5

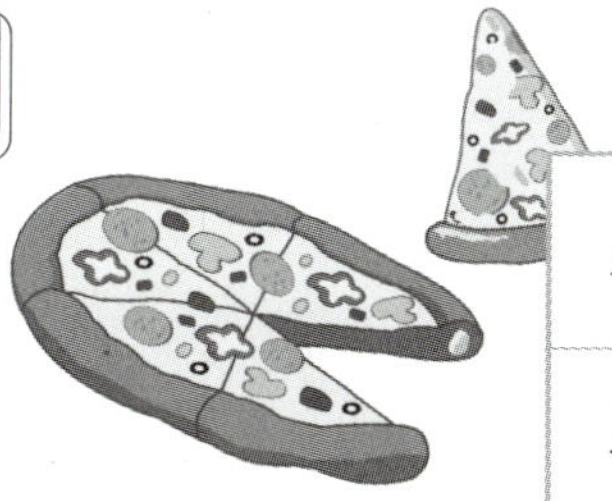

포	푸
프	피

자

6

호	후
흐	히

수

 Үе холбож уншина уу.

1 버스에 **타다**
Автобусанд суух

2 허리가 **아프다**
Бэлхүүс өвдөх

3 피자가 **크다**
Пицца том байх

4 카드로 **코트를** 사다
Картаар пальто худалдаж авах

 Амандаа авиалж бичнэ үү.

타다					
코트					
파리					
아파트					
포크					
아프다					
피아노					
피자					
허리					
호수					

 Зурагт тохирох үгийн үеийг зөв холбож бичнэ үү.

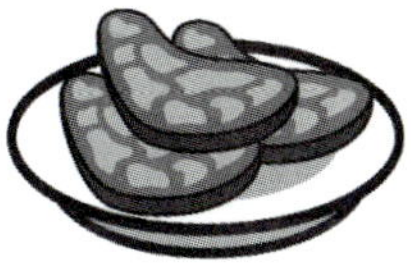

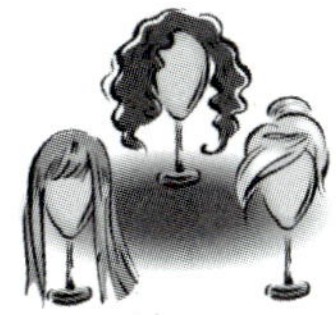

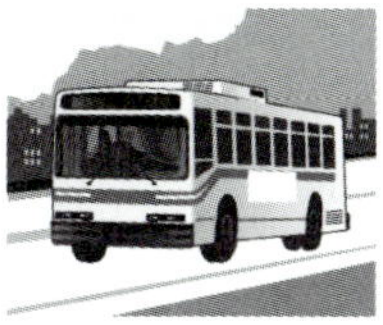

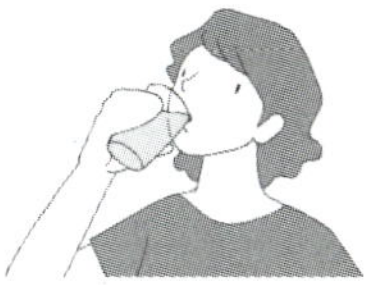

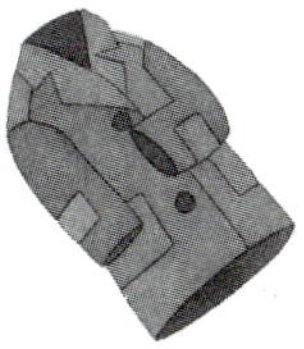

고　　　머　　　버　　　시다　　코

스　　기　　리　　트　　마

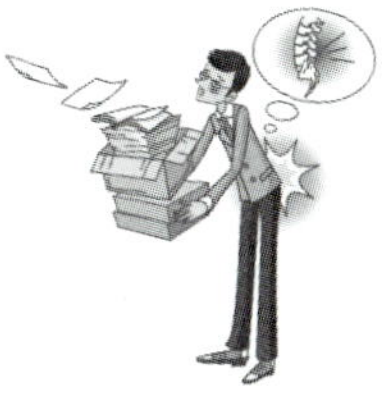

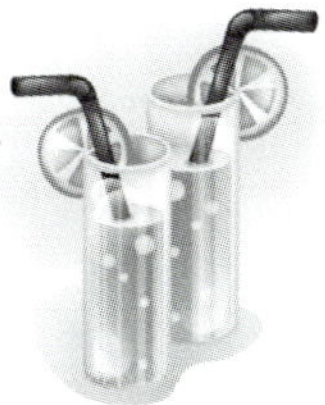

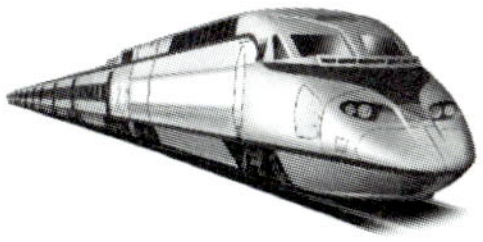

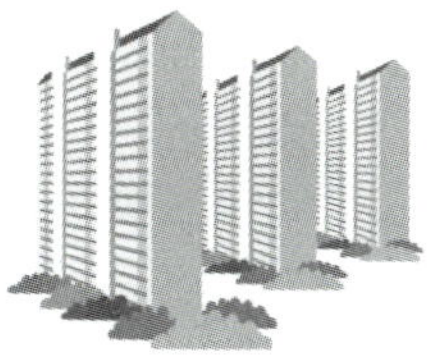

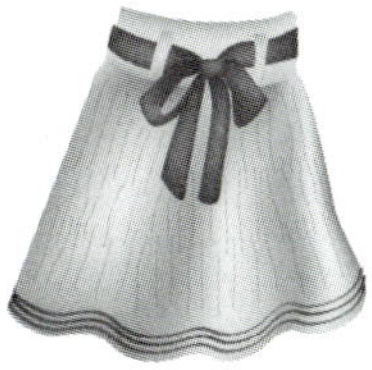

허　　　주　　　　차　　아파　　치

1

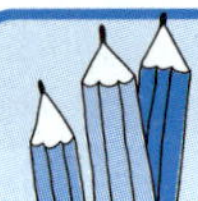

| 비아노 |
| 아파트 |
| 피아노 |

2

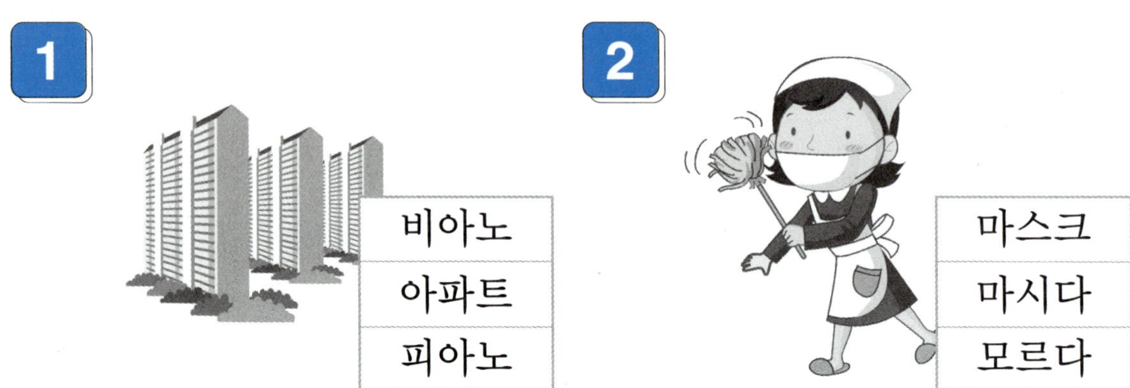

| 마스크 |
| 마시다 |
| 모르다 |

3

| 코트 |
| 구두 |
| 카드 |

4

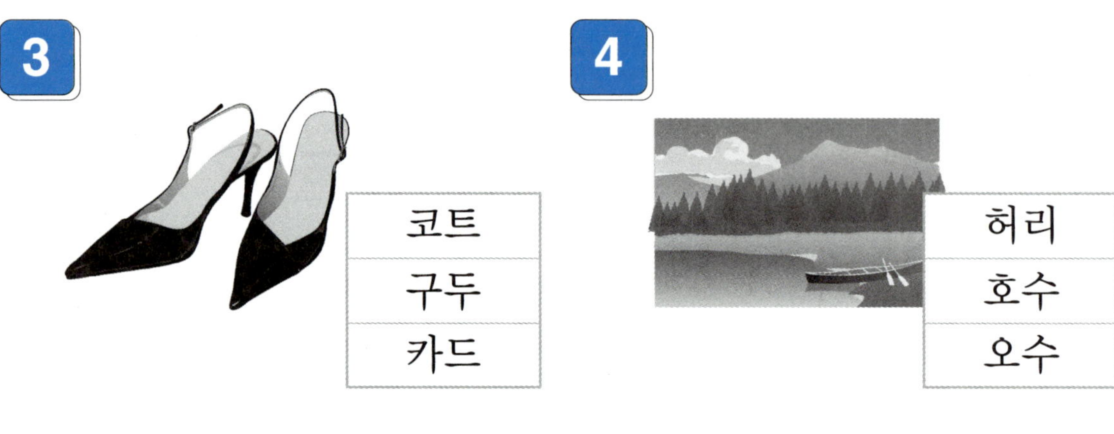

| 허리 |
| 호수 |
| 오수 |

5

| 비자 |
| 피자 |
| 바지 |

6

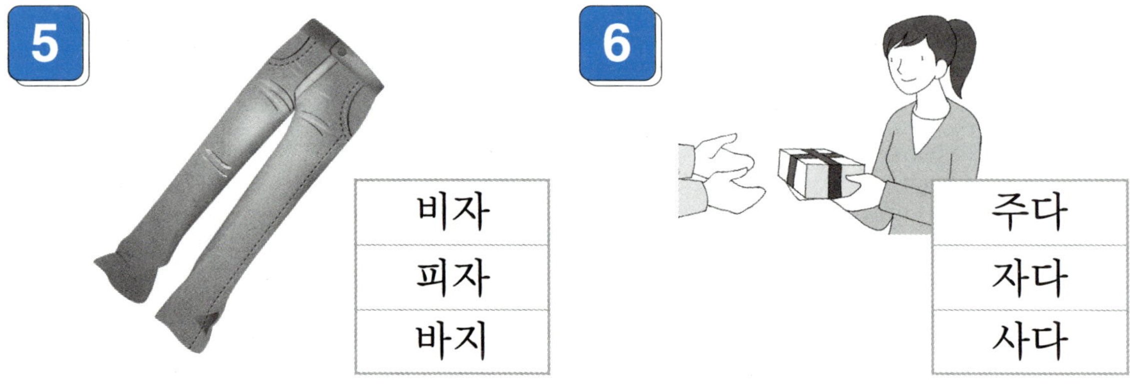

| 주다 |
| 자다 |
| 사다 |

Зурагт тохирох үгийг бичлэг сонсон зөв бичнэ үү.

1

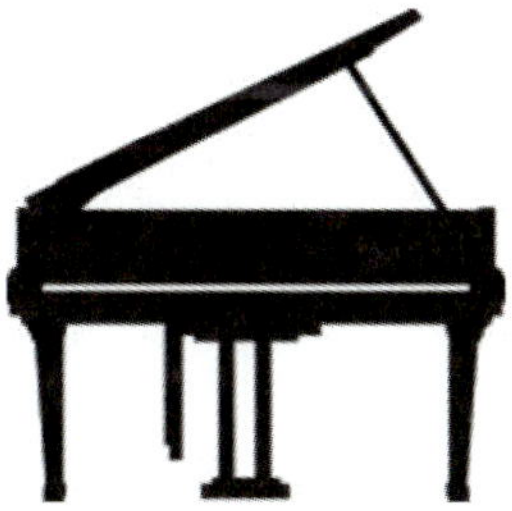

2

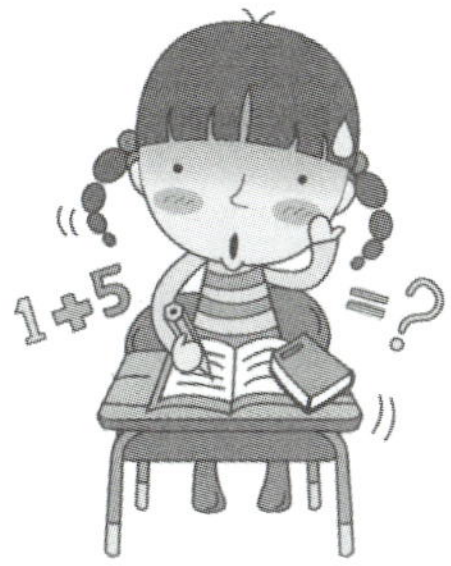

3

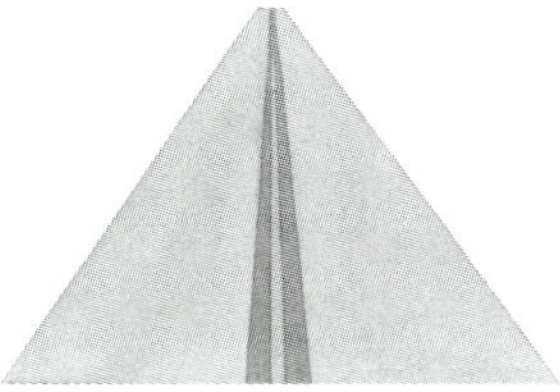

4

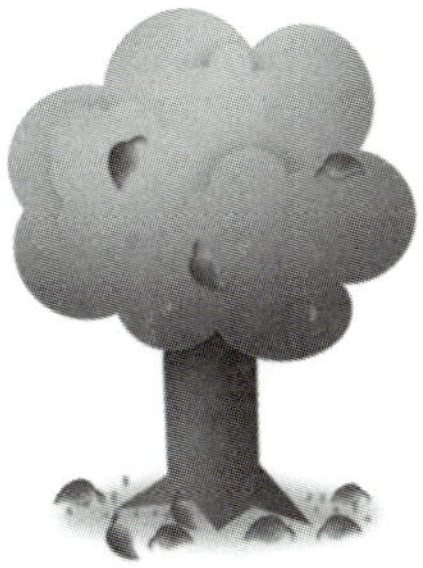

5

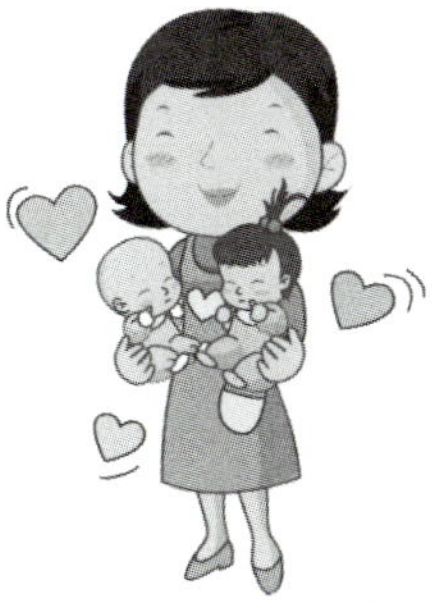

6

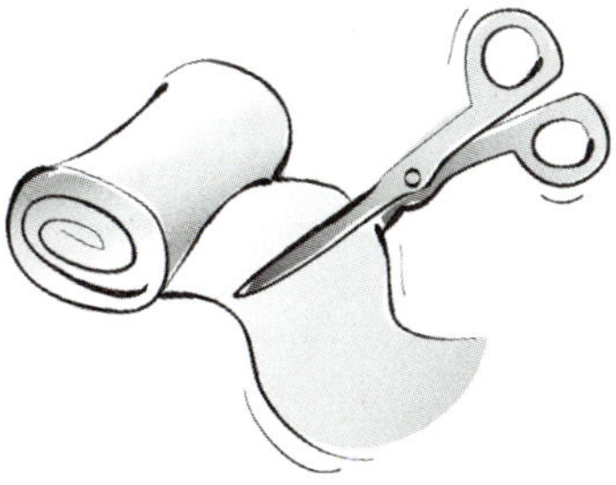

Сурсан үгсээ үе бүтэх аргаар хайн олж бичнэ үү.

다 리 오 피 아 노 다 기 다 리 다
치 피 바 지 파 사 바 티 기 차 크
마 파 트 피 트 토 아 포 아 프 다

1 다리

2

3

4

5

6

7

8

9

고기			
나			
너			
누나			
가다			
나가다			
다니다			
다리			
도로			
구두			
다르다			
기다리다			
고구마			
머리			
어머니			
모르다			
나무			
바다			
버스			
보다			
비			

사다			
마시다			
아기			
자다			
자르다			
주다			
주스			
기차			
치마			
카드			
마스크			
크다			
키			
타다			
코트			
파리			
아파트			
포크			
아프다			
피아노			
피자			
허리			
호수			

Авиаг зөв дуудан үе холбож бичнэ үү.

Жишээлбэл : ㄲ + ㅏ = 까 / ㄲ + ㅗ = 꼬

	ㅏ	ㅓ	ㅗ	ㅜ	ㅡ	ㅣ
ㄲ	까					
ㄸ		떠				
ㅃ			뽀			
ㅆ				쑤		
ㅉ					쯔	

꼬리 Сүүл

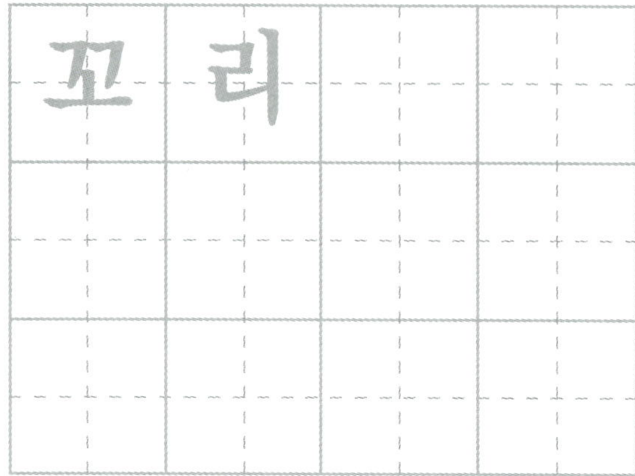

토끼 Туулай

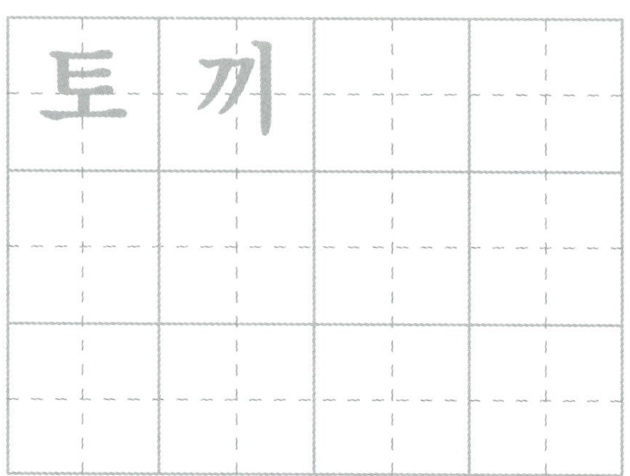

코끼리 Заан

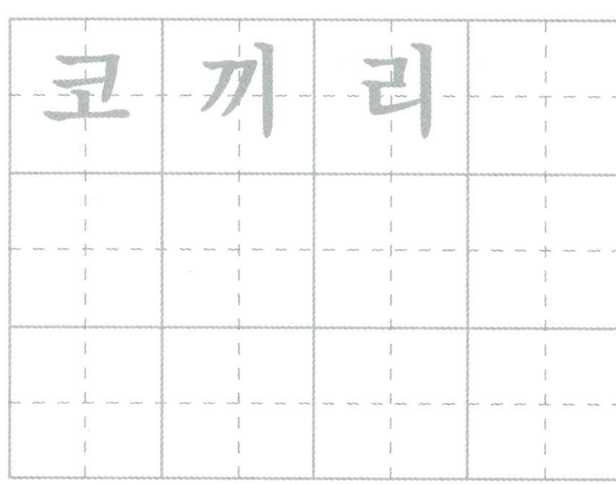

허리띠 Бүс, тэлээ

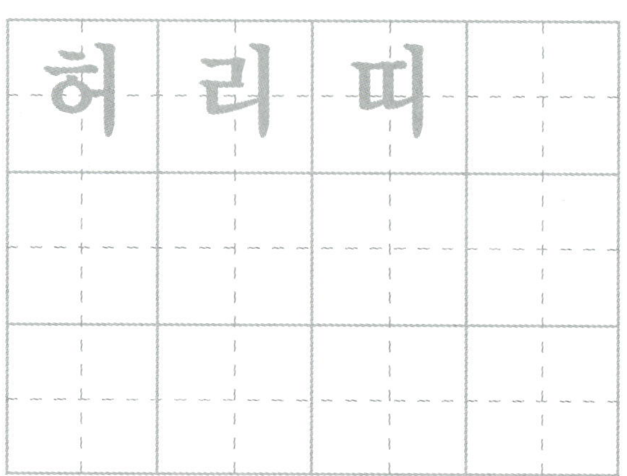

아빠 Аав

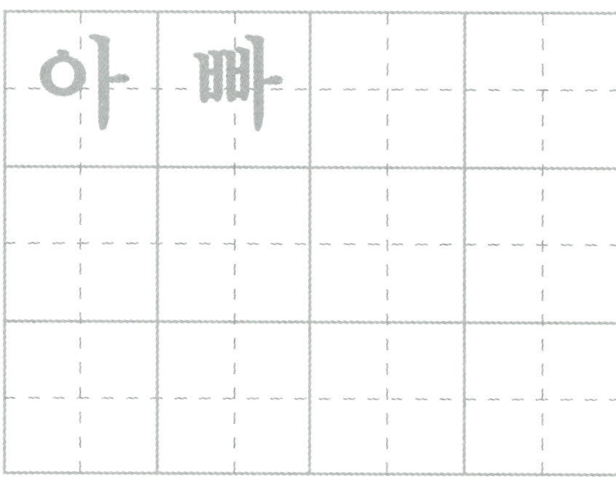

뽀뽀 Үнсэх

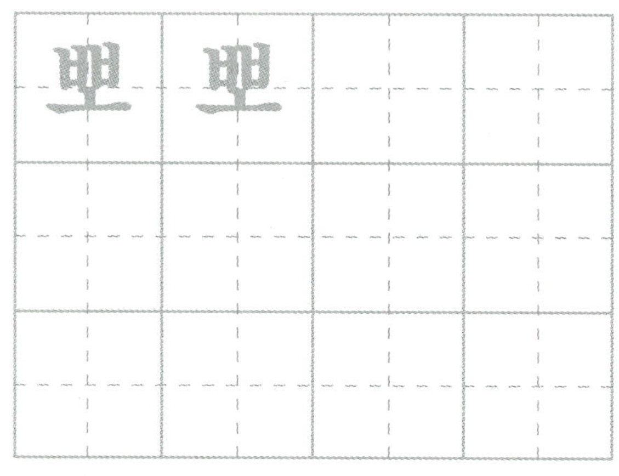

뿌리 Үндэс

싸다 Хямдхан

비싸다 Үнэтэй

쓰다 Бичих, гашуун

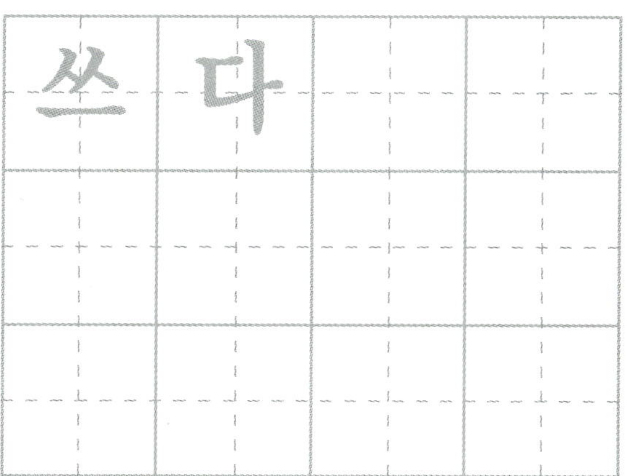

씨 Үр, -гуай, авгайлах нэр

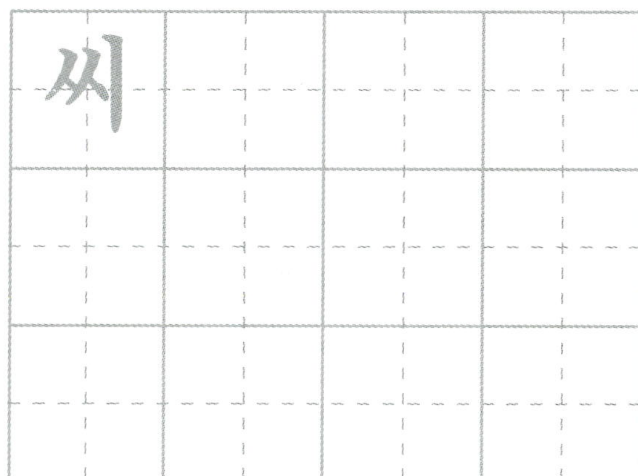

짜다 Давстай, шахах

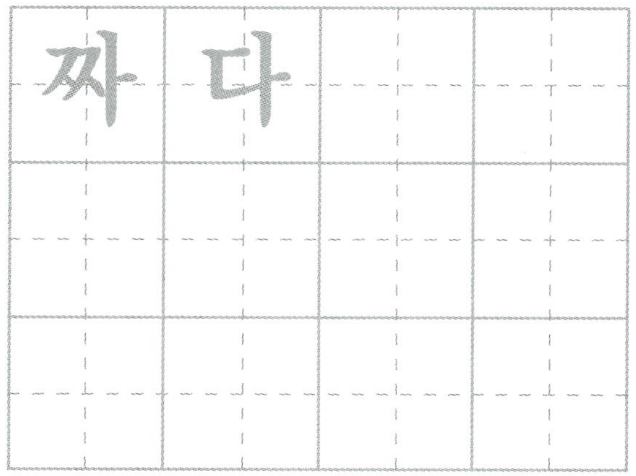

Зурагт тохирох үгийг зөв сонгоно уу.

| **1** | 코끼리 |
| | 코삐리 |

| **2** | 빠리 |
| | 뿌리 |

| **3** | 또또 |
| | 뽀뽀 |

| **4** | 싸다 |
| | 짜다 |

| **5** | 피짜다 |
| | 비싸다 |

| **6** | 찌 |
| | 씨 |

Зурагт тохирох үгийн үеийг зөв сонгож бичнэ үү.

1

빠	뻐
뽀	뿌

아 ☐ ☐

2

까	꺼
꼬	꾸

☐ ☐ 리

3

꼬	꾸
끄	끼

코 ☐ 리

4

쏘	쑤
쓰	씨

☐ 다

5

짜	쩌
쪼	쭈

☐ 다

6

또	뚜
뜨	띠

허 리 ☐

 Үе холбож уншина уу.

1 **코끼리가 크다**
Заан том байх

2 **허리띠가 비싸다**
Бүс үнэтэй байх

3 **토끼가 뽀뽀하다**
Туулай үнсэх

4 **피아노가 비싸다**
Төгөлдөр хуур үнэтэй байх

 Амандаа авиалж бичнэ үү.

꼬리						
토끼						
코끼리						
허리띠						
아빠						
뽀뽀						
뿌리						
싸다						
비싸다						
쓰다						
씨						
짜다						

> Авиаг зөв дуудан үе холбож бичнэ үү.

Жишээлбэл : ㄱ + ㅑ = 갸 / ㄱ + ㅛ = 교

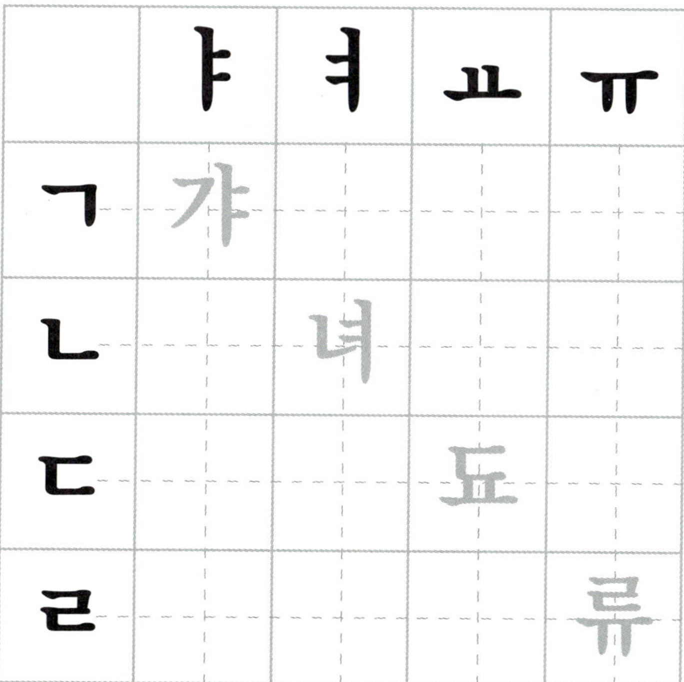

	ㅑ	ㅕ	ㅛ	ㅠ
ㄱ	갸			
ㄴ		녀		
ㄷ			됴	
ㄹ				류

*Бүх гийгүүлэгчтэй нэгдэх боломжтой.

야구 Бэйсбол

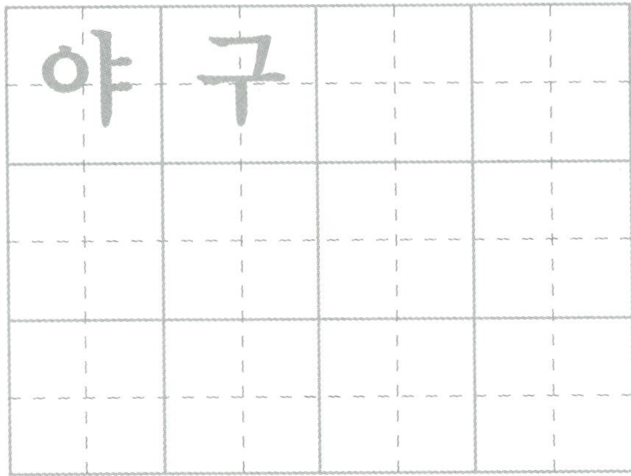

뼈 Яс

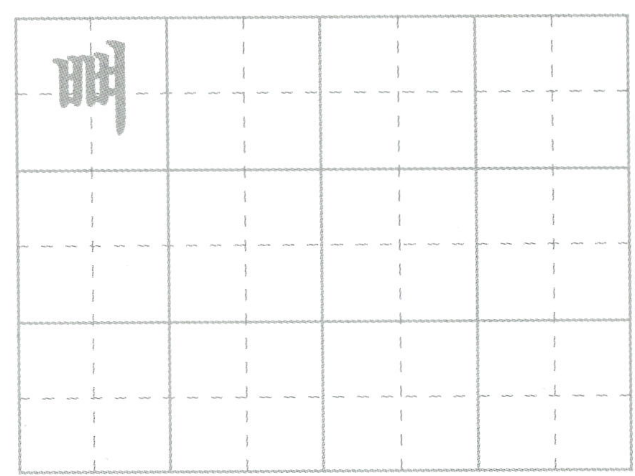

혀 Хэл

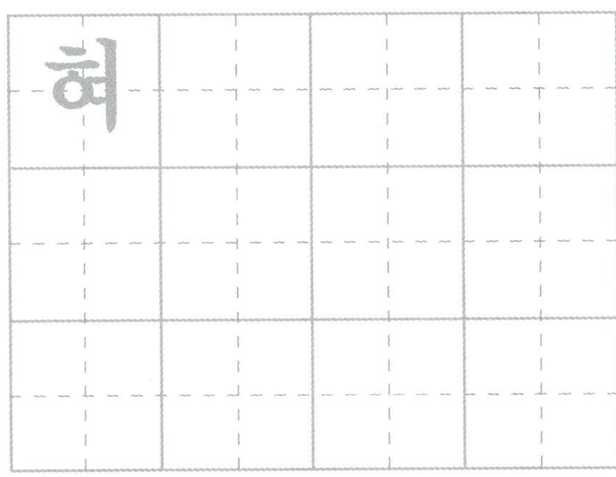

여자 Эмэгтэй

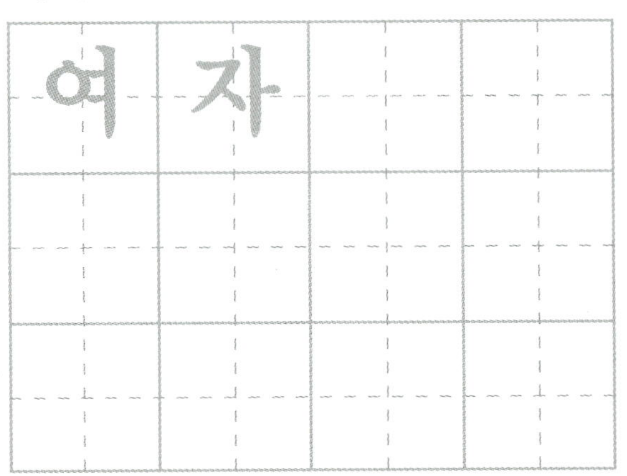

요구르트 Тараг

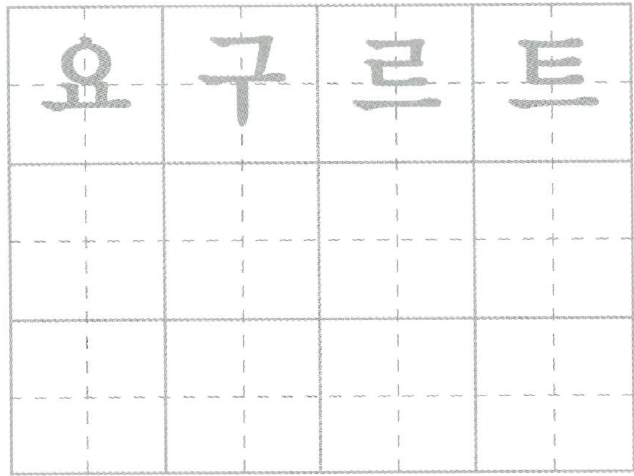

요리 Хоол

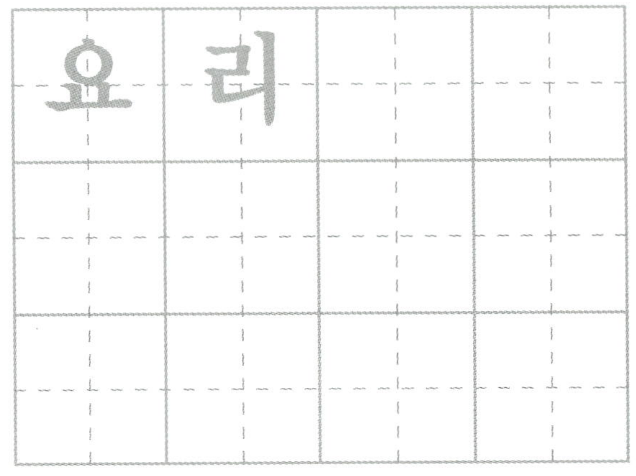

표 Тасалбар

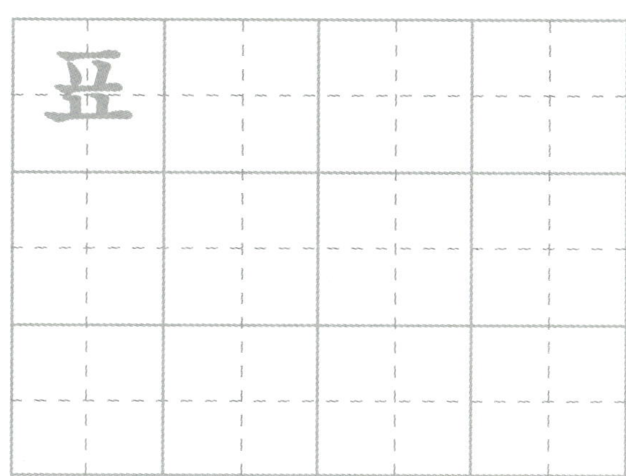

서류 Бичиг баримт

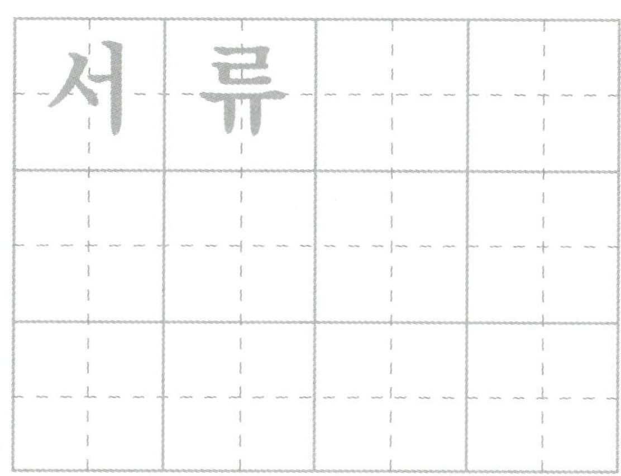

우유 Сүү

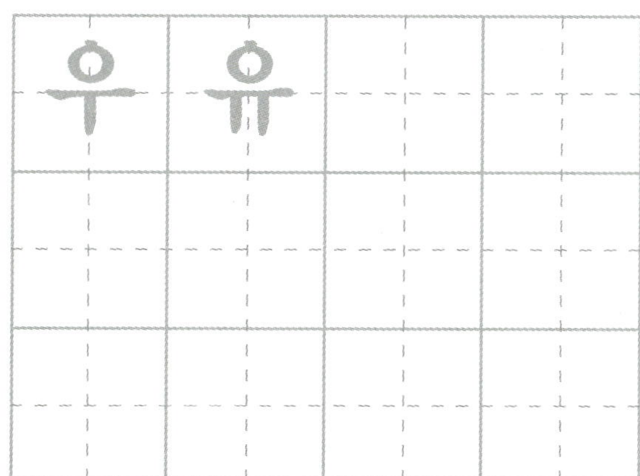

유리 Шил

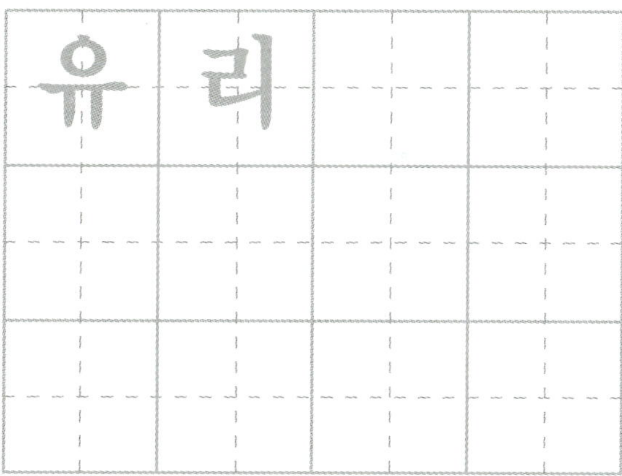

1

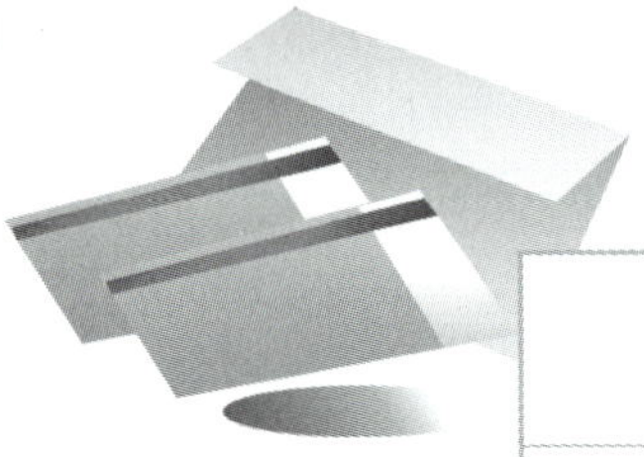

표
펴

2

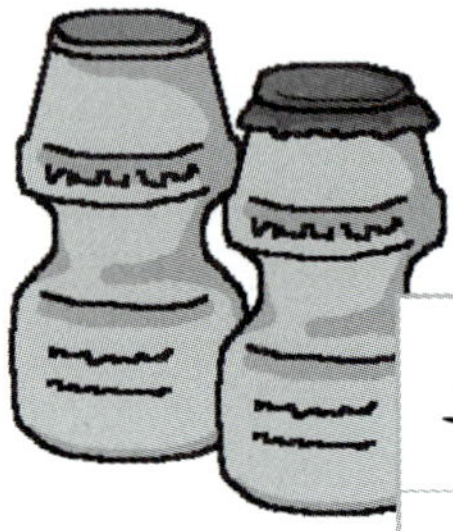

요구르트
유고르트

3

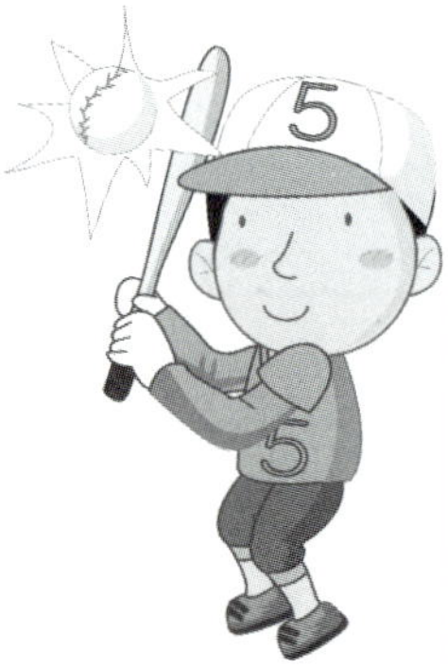

요가
야구

4

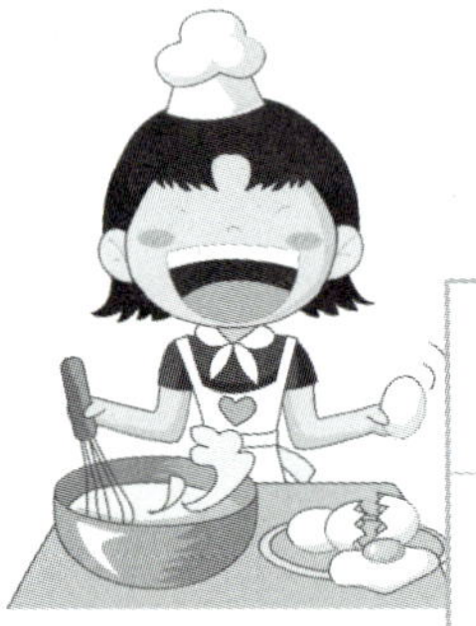

요리
유리

5

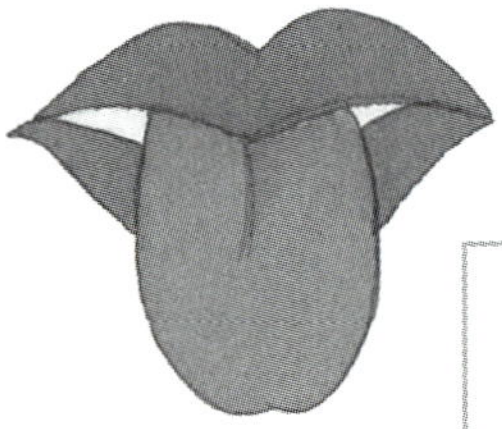

혀
효

6

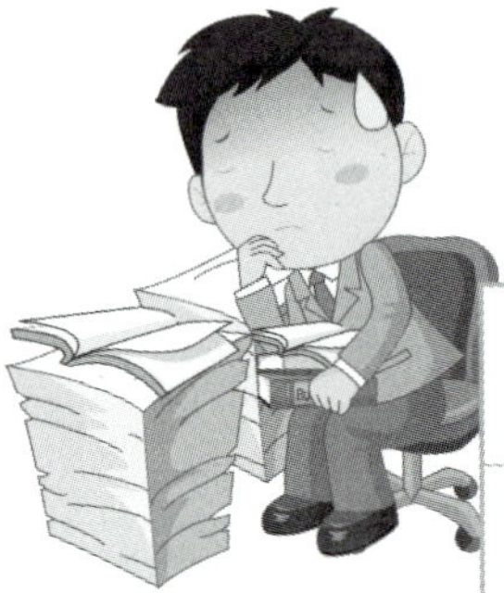

서류
사료

Зурагт тохирох үгийн үеийг зөв сонгож бичнэ үү.

1

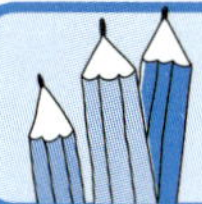

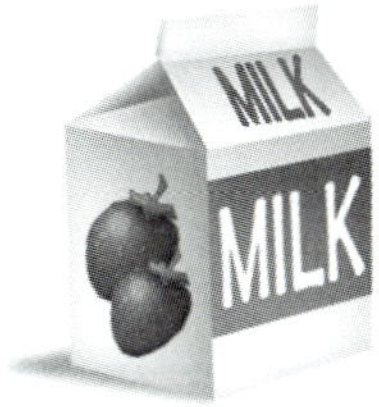

야	여
요	유

우	

2

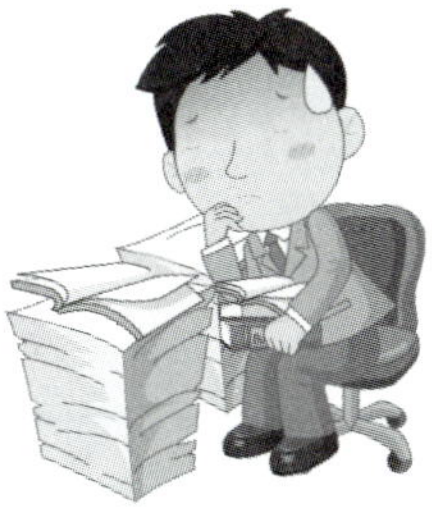

랴	려
료	류

서	

3

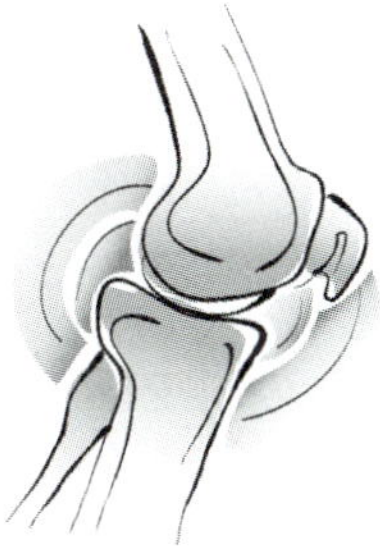

빠	뼈
뾰	쀼

4

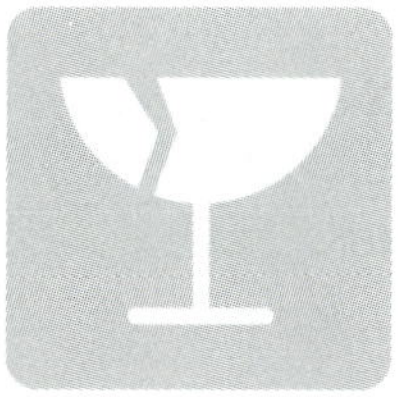

야	여
요	유

	리

5

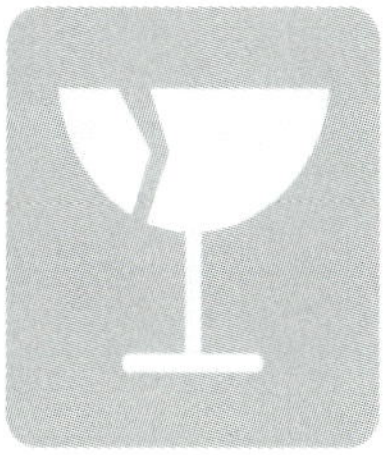

야	여
요	유

	자

6

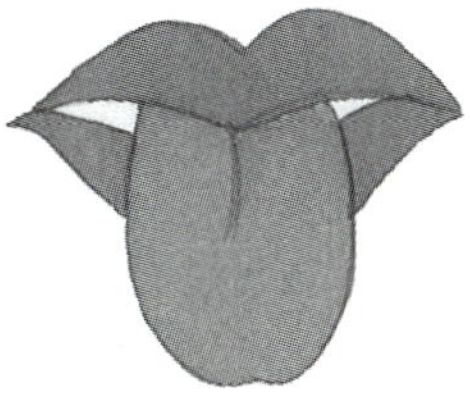

햐	혀
효	휴

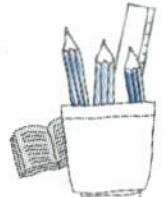 ## Үе холбож уншина уу.

1 **우유를 마시다**
Сүү уух

2 **서류를 쓰다**
Бичиг баримт бичих

3 **기차표를 사다**
Галт тэрэгний тасалбар худалдаж авах

4 **여자가 머리를 자르다**
Эмэгтэй үсээ тайрах

 **Амандаа авиалж бичнэ үү.**

야구								
여자								
뼈								
혀								
요리								
요구르트								
표								
서류								
우유								
유리								

Гийгүүлэгч + Дан эгшиг

Авиаг зөв дуудан үе холбож бичнэ үү.

Жишээлбэл : ㄱ + ㅐ = 개 / ㄱ + ㅟ = 귀

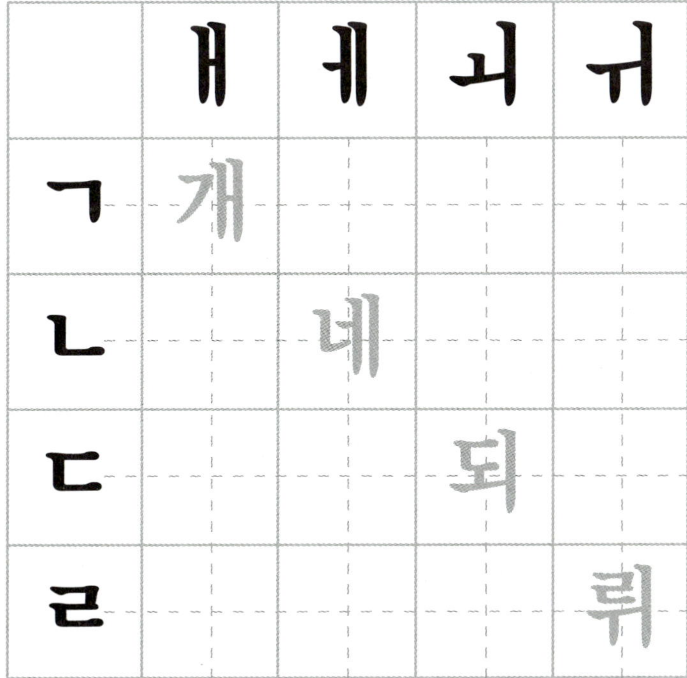

*Бүх гийгүүлэгчтэй нэгдэх боломжтой.

찌개 Шөл

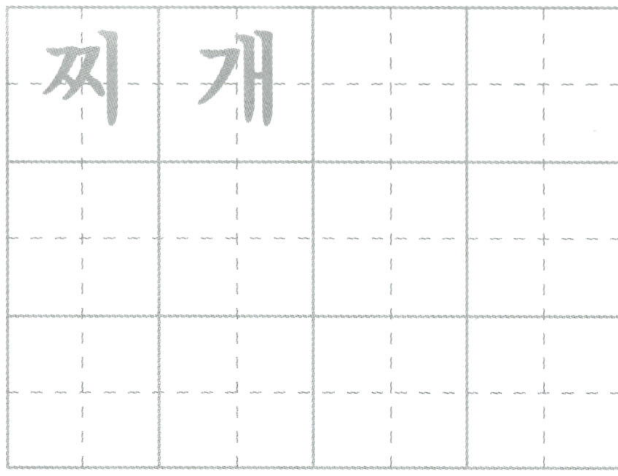

노래하다 Дуу дуулах

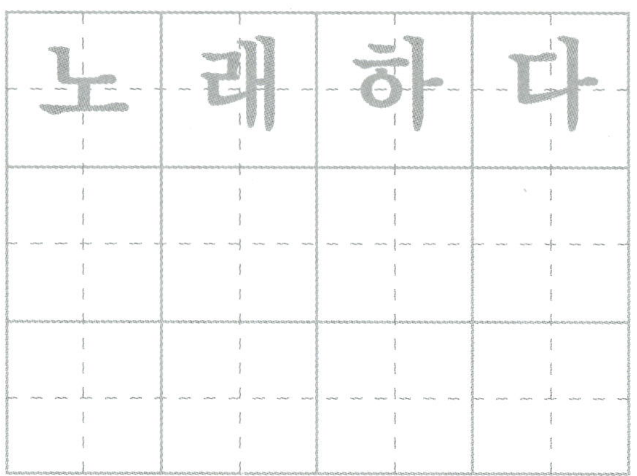

해 Нар

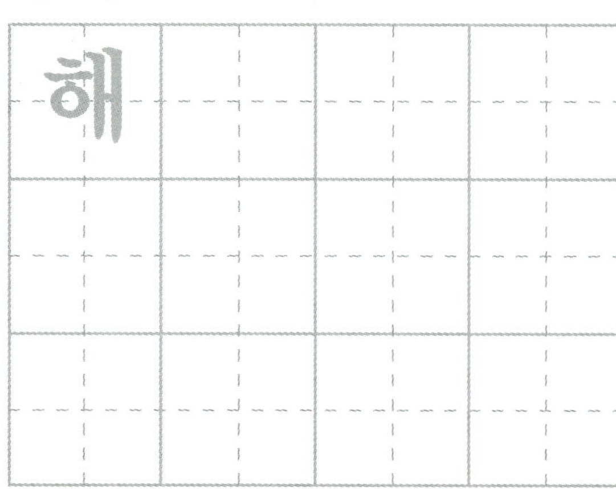

게르 Гэр

카메라 Камер

세수하다 Гараа угаах

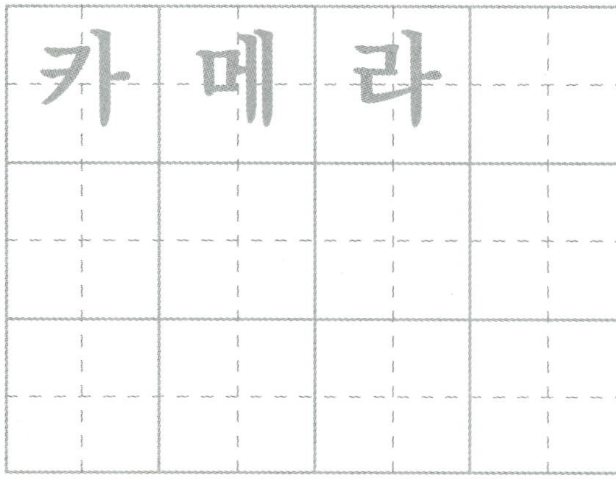

케이크 Бялуу

회사 Компани

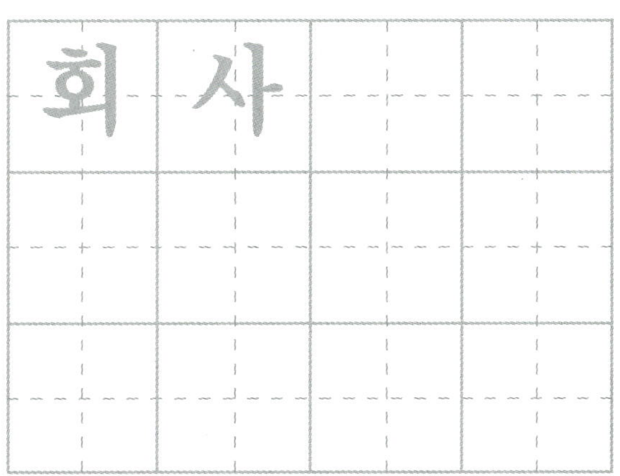

귀 Чих

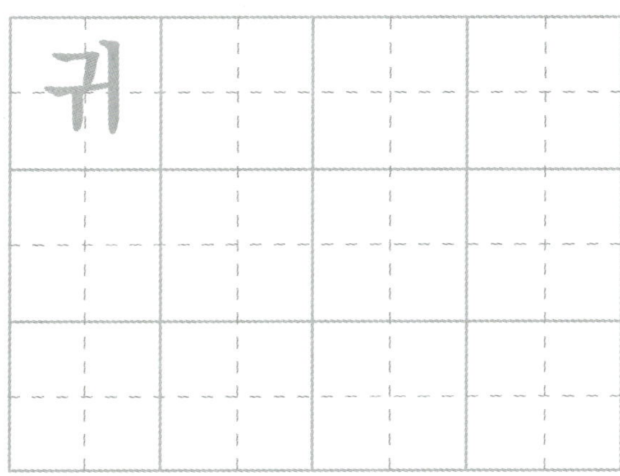

가위 Хайч

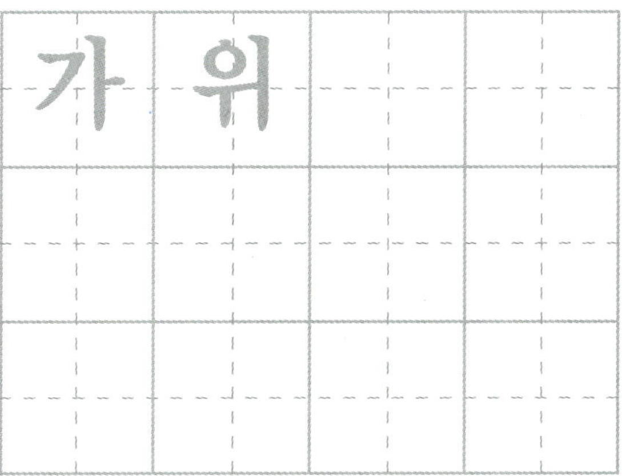

Зурагт тохирох үгийг зөв сонгоно уу.

1

게르
가게
해
회

2

3

치게
찌개
케이크
카메라

4

5

세수하다
새소하다
노래하다
누레하다

6

Зурагт тохирох үгийн үеийг зөв сонгож бичнэ үү.

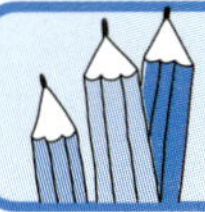

1

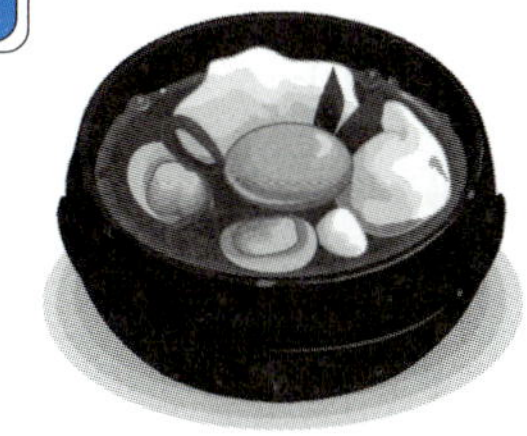

개	게
괴	기

찌	

2

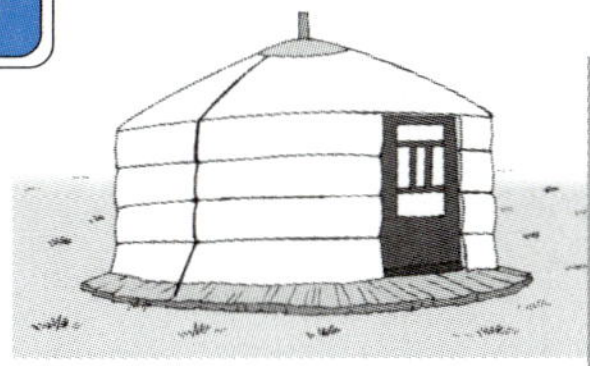

개	게
괴	기

	르

3

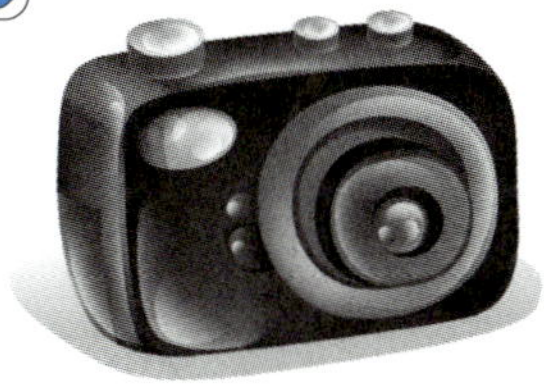

매	메
뫼	뮈

카		라

4

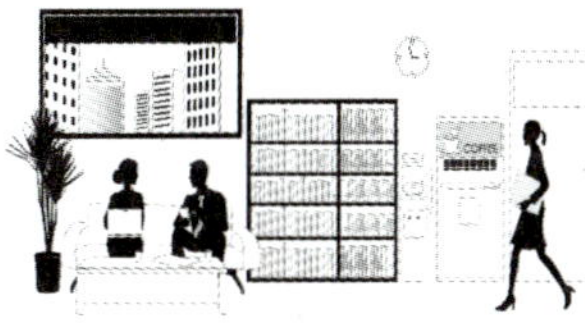

해	헤
회	휘

	사

5

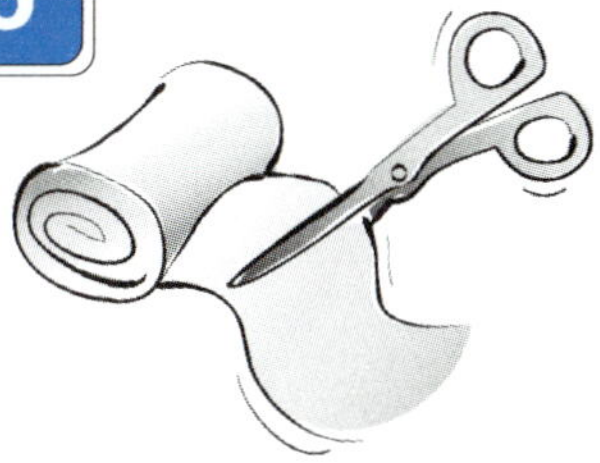

애	에
외	위

가	

6

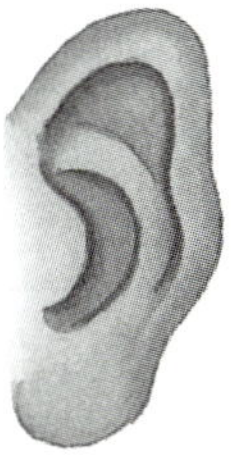

개	게
괴	귀

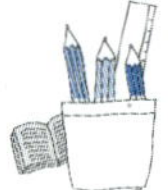 Ye холбож уншина уу.

1	새가 **노래하다**	2	아이가 세수하다
	Шувуу жиргэх		Хүүхэд гараа угаах

3	**찌개**를 요리하다	4	가위로 자르다
	Шөл чанах		Хайчаар тайрах

 Амандаа авиалж бичнэ үү.

찌개						
노래하다						
해						
게르						
세수하다						
카메라						
케이크						
회사						
귀						
가위						

Авиаг зөв дуудан үе холбож бичнэ үү.

Жишээлбэл : ㄱ + ㅐ = 걔 / ㄱ + ㅝ = 궈

	ㅒ	ㅖ	ㅘ	ㅝ	ㅙ	ㅞ	ㅢ
ㄱ	걔						
ㅇ		예					

*Бүх гийгүүлэгчтэй нэгдэх боломжтой.

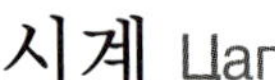

시계 Цаг

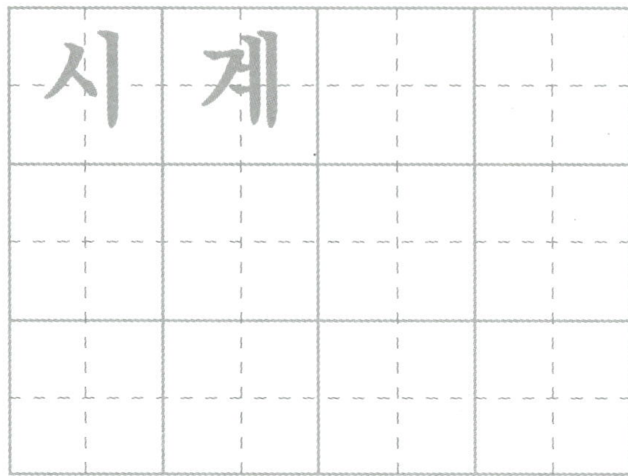

사과 Алим

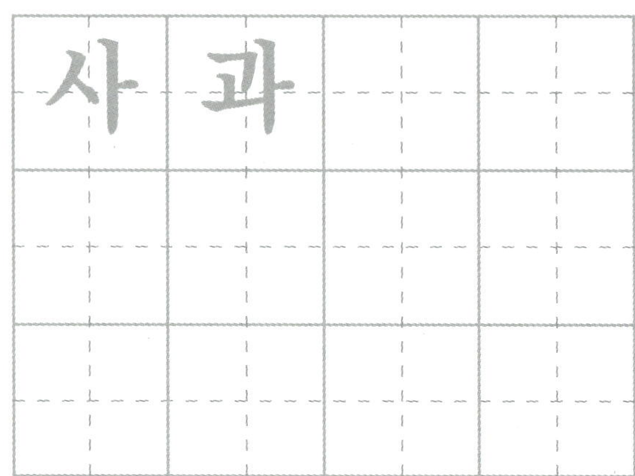

샤워하다 Шүршүүрт орох

돼지 Гахай

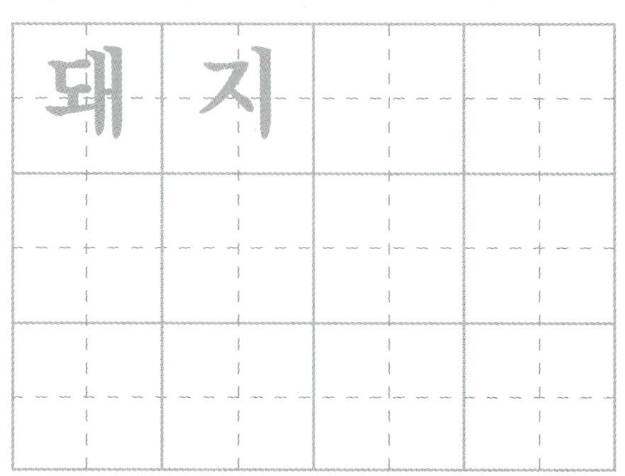

스웨터 Ноосон цамц

의사 Эмч

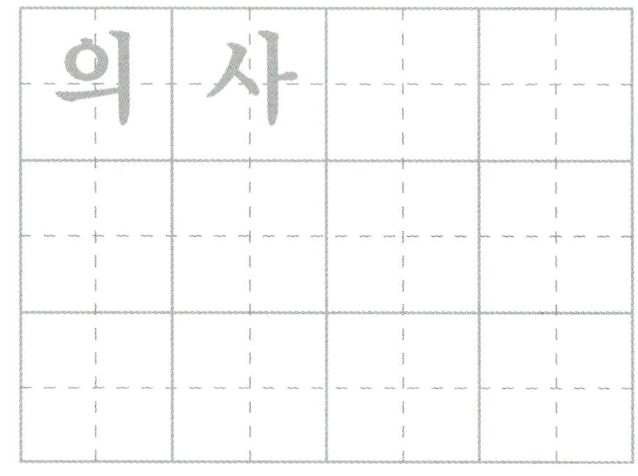

1

시계
사과

2

스웨터
웨이터

3

의사
의자

4

샤워하다
샤와하다

Зурагт тохирох үгийн үеийг зөв сонгож бичнэ үү.

1

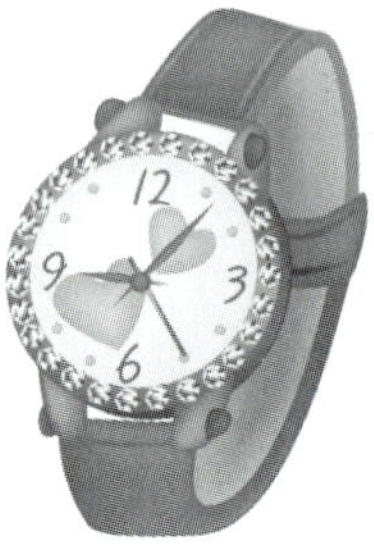

개	계
괘	궤

시	

2

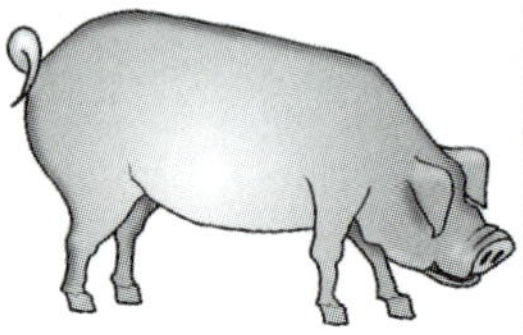

돠	둬
돼	뒈

	지

3

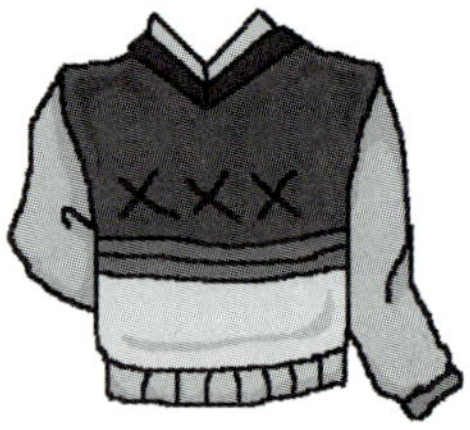

얘	예
왜	의

스		터

4

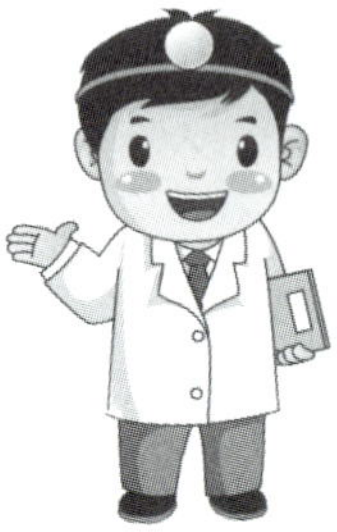

와	왜
웨	의

	사

 Үе холбож уншина уу.

1 시계를 보다
Цаг харах

2 사과와 주스
Алим болон жүүс

3 아빠가 샤워하다
Аав шүршүүрт орох

4 스웨터가 크다
Ноосон цамц том

Амандаа авиалж бичнэ үү.

시계					
사과					
샤워하다					
돼지					
스웨터					
의사					

 Зурагт тохирох үгийн үеийг зөв холбож бичнэ үү.

유 끼 게 과 위

가 가 우 코 리 사

1

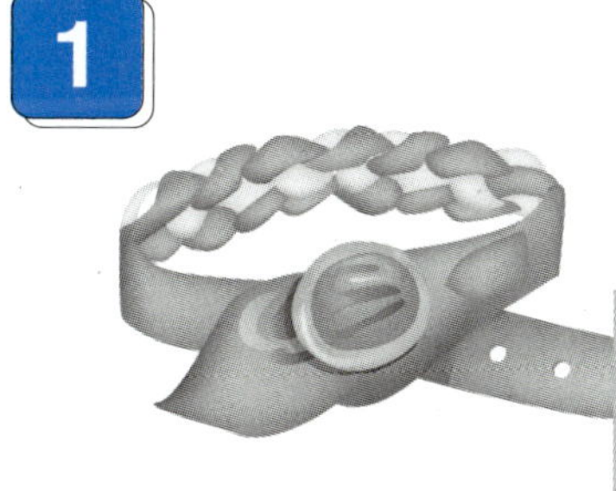

허리띠
코끼리
스웨터

2

노래하다
세수하다
샤워하다

3

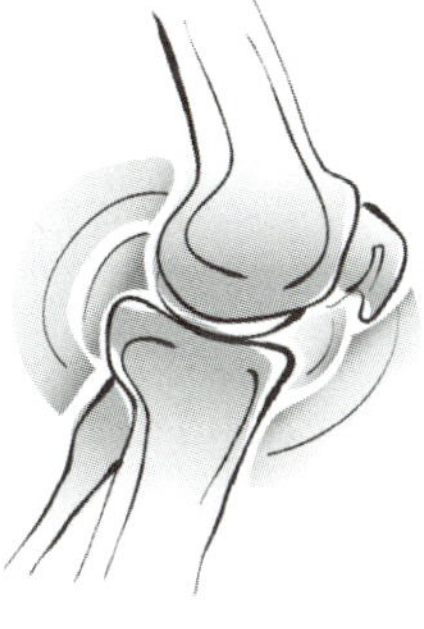

뼈
표
혀

4

뿌리
꼬리
아빠

5

케이크
카메라
웨이터

6

돼지
사과
시계

Зурагт тохирох үгийг бичлэг сонсон зөв бичнэ үү.

1

____

2

____

3

____

4

____

5

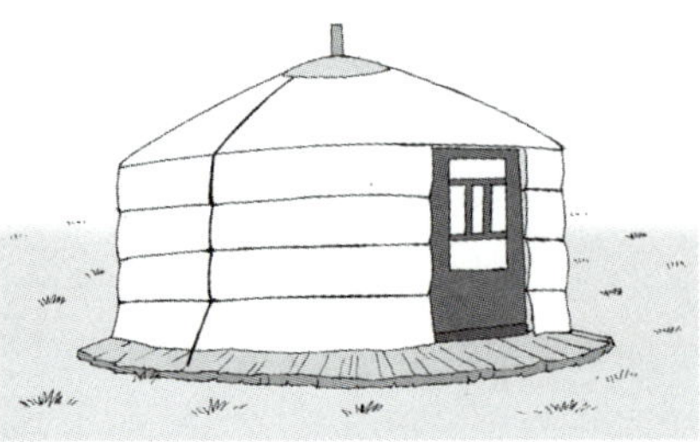

____

6

____

 Сурсан үгсээ үе бүтэх аргаар хайн олж бичнэ үү.

카 메 라 피 요 구 르 트 기 터 꼬

시 피 바 최 야 구 바 파 짜 뿌 리

계 파 트 피 혀 노 래 하 다 아 쉬

1 카메라   **2**   **3**

4   **5**   **6**

7   **8**   **9**

꼬리			
토끼			
코끼리			
허리띠			
아빠			
뽀뽀			
뿌리			
싸다			
비싸다			
쓰다			
씨			
짜다			
야구			
여자			
뼈			
혀			
요리			
요구르트			

표				
서류				
우유				
유리				
찌개				
노래하다				
해				
게르				
세수하다				
카메라				
케이크				
회사				
귀				
가위				
시계				
사과				
샤워하다				
돼지				
스웨터				
의사				

 **< Хангыл үндсэн эгшиг ба гийгүүлэгч үсгийн хүснэгт >**

Гийгүүлэгч ба эгшиг үсгийг холбож хүснэгтийг гүйцээн бичнэ үү.

	ㅏ	ㅑ	ㅓ	ㅕ	ㅗ	ㅛ	ㅜ	ㅠ	ㅡ	ㅣ
	a	ja	ʌ	jʌ	o	jo	u	ju	eu	i
ㄱ	가	갸	거	겨	고	교	구	규	그	기
k/g	ka	kja	kʌ	kjʌ	ko	kjo	ku	kju	keu	ki
ㄴ	나									
n	na									
ㄷ	다									
t/d	ta									
ㄹ	라									
r/l	ra									
ㅁ	마									
m	ma									
ㅂ	바									
p/b	pa									
ㅅ	사									
s	sa									
ㅇ	아	야	어	여	오	요	우	유	으	이
-	a	ja	ʌ	jʌ	o	jo	u	ju	eu	i
ㅈ	자									
j	ja									
ㅊ	차									
ch	cha									

ㅋ	카									
kH	kHa									
ㅌ	타									
tH	tHa									
ㅍ	파									
pH	pHa									
ㅎ	하									
h	ha									

* Үе бүтэх ёсноос гийгүүлэгч 'о' үсэг нь тогтсон тусгай авиа гардаггүй болно.

 Амандаа авиалж бичнэ үү.

	ㅏ	ㅑ	ㅓ	ㅕ	ㅗ	ㅛ	ㅜ	ㅠ	ㅡ	ㅣ
ㄱ	가	갸	거	겨	고	교	구	규	그	기
ㄴ	나									
ㄷ	다									
ㄹ	라									
ㅁ	마									
ㅂ	바									
ㅅ	사									
ㅇ	아									
ㅈ	자									
ㅊ	차									
ㅋ	카									
ㅌ	타									
ㅍ	파									
ㅎ	하									

Дан дэвсгэр үсэг	Хос дэвсгэр	Дуудлага
ㄱ, ㅋ	ㄲ	[k]
ㄴ		[n]
ㄷ, ㅅ, ㅈ, ㅊ, ㅌ, ㅎ	ㅆ	[t]
ㄹ		[l]
ㅁ		[m]
ㅂ, ㅍ		[p]
ㅇ		[ng]

Гийгүүлэгч үсгийн араас эгшиг үсэг 'ㅏ, ㅑ, ㅓ, ㅕ, ㅣ' орж үе бүтсэний дараа дэвсгэр үсэг залган орвол дараах байдалтай болно.

Гийгүүлэгч + Эгшиг	Дэвсгэр үсэг	Үе
	ㄱ	→ 각
	ㄴ	→ 간
	ㄷ	→ 갇
가 +	ㄹ	→ 갈
	ㅁ	→ 감
	ㅂ	→ 갑
	ㅇ	→ 강

Үе холбож бичнэ үү.

Гийгүүлэгч + Эгшиг		Дэвсгэр үсэг		Үе
가	+	ㄱ	→	각
가	+	ㄴ	→	
너	+	ㄷ	→	
다	+	ㄹ	→	
라	+	ㅁ	→	
미	+	ㅂ	→	
바	+	ㅇ	→	
샤	+	ㅅ	→	
어	+	ㅈ	→	
자	+	ㅊ	→	
챠	+	ㅌ	→	
키	+	ㅎ	→	
타	+	ㅍ	→	
퍼	+	ㅋ	→	
하	+	ㄲ	→	

Гийгүүлэгч үсгийн араас эгшиг үсэг 'ㅗ, ㅛ, ㅜ, ㅠ, ㅡ' орж үе бүтсэний дараа дэвсгэр үсэг залган орвол дараах байдалтай болно.

Гийгүүлэгч + Эгшиг	Дэвсгэр үсэг	Үе
	ㄱ	→ 곡
	ㄴ	→ 곤
	ㄷ	→ 곧
고 +	ㄹ	→ 골
	ㅁ	→ 곰
	ㅂ	→ 곱
	ㅇ	→ 공

Гийгүүлэгч + Эгшиг		Дэвсгэр үсэг		Үе
고	+	ㄱ	→	곡
구	+	ㄴ	→	
누	+	ㄷ	→	
규	+	ㄹ	→	
도	+	ㅁ	→	
도	+	ㅂ	→	
요	+	ㅇ	→	
루	+	ㅅ	→	
느	+	ㅈ	→	
유	+	ㅊ	→	
부	+	ㅌ	→	
소	+	ㅎ	→	
수	+	ㅍ	→	
우	+	ㅋ	→	
으	+	ㄲ	→	

Гийгүүлэгч+Эгшиг+Дэвсгэр үсэг ❶

> Авиаг зөв дуудан үе холбож бичнэ үү.

Жишээлбэл : ㄱ + ㅏ + ㅇ = 강 / ㄱ + ㅗ + ㅁ = 곰

	ㅏ	ㅓ	ㅗ	ㅜ	ㅡ	ㅣ	Дэвсгэр үсэг	
ㄱ	간						ㄴ	[n]
ㄴ		널					ㄹ	[l]
ㄷ			돔				ㅁ	[m]
ㄹ				룽			ㅇ	[ng]

*Бүх гийгүүлэгчтэй нэгдэх боломжтой.

만나다 Уулзах

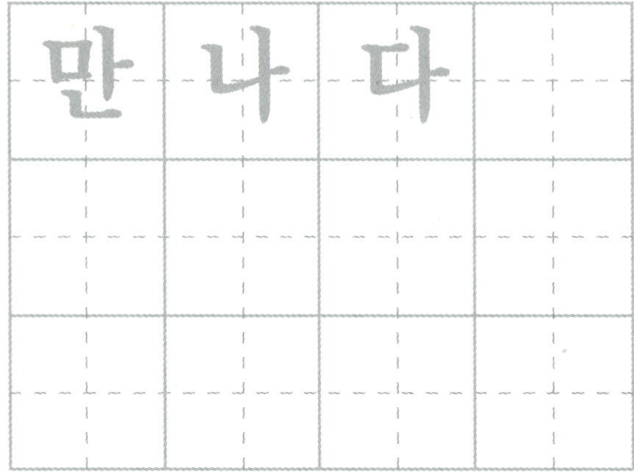

친구 Найз

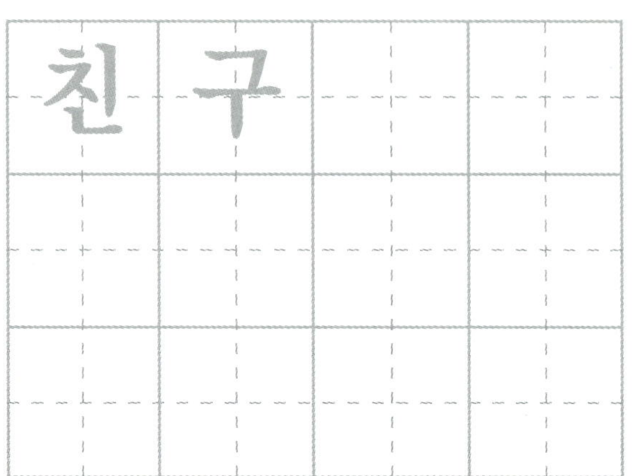

핸드폰 Гар утас

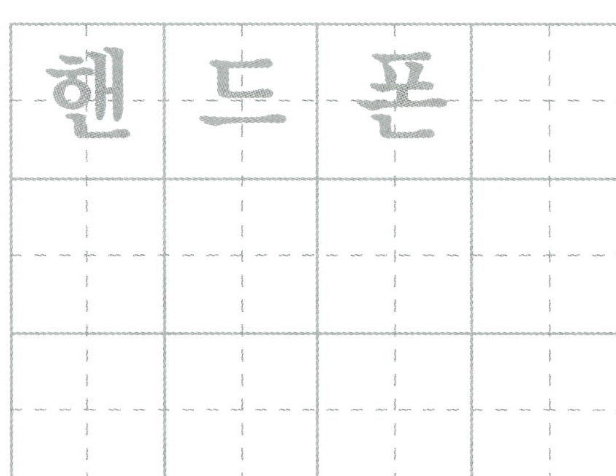

물 Ус

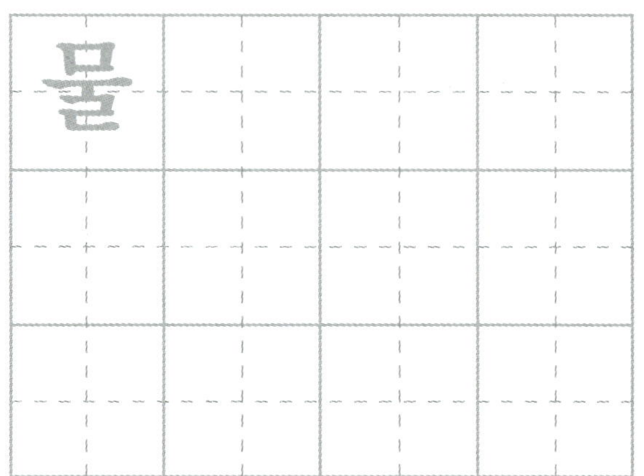

일하다 Ажиллах

컴퓨터 Компьютер

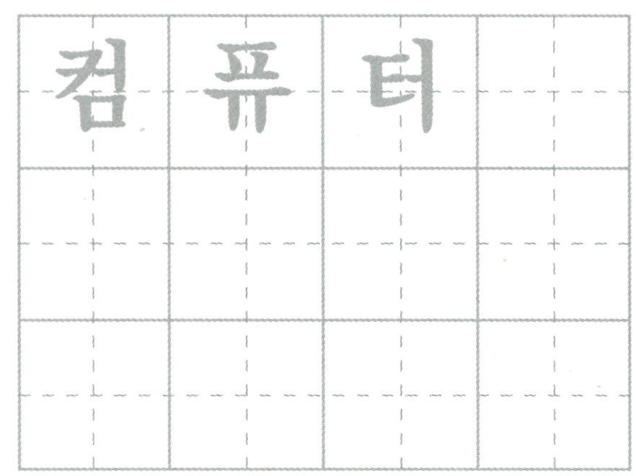

감 Илжгэн чих

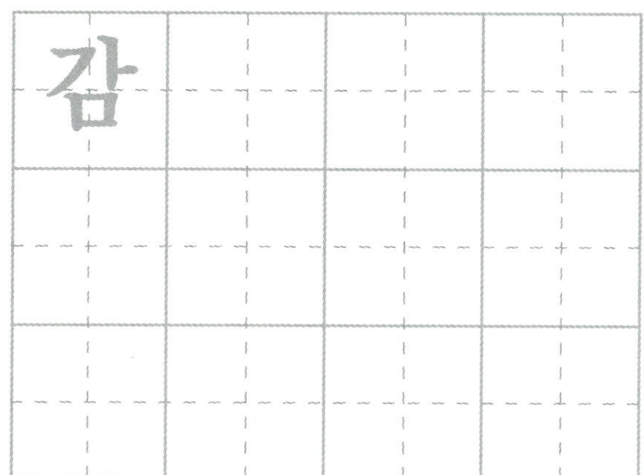

공부하다 Хичээл хийх

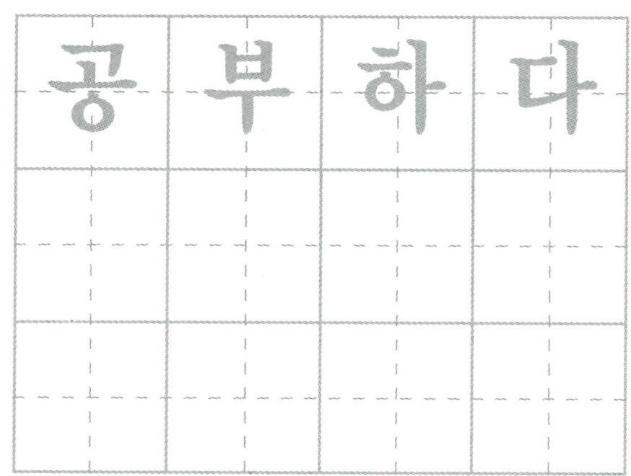

자동차 Авто машин

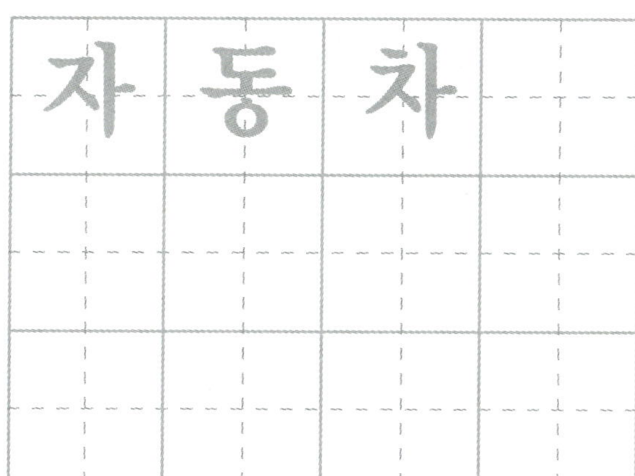

청소하다 Цэвэрлэх

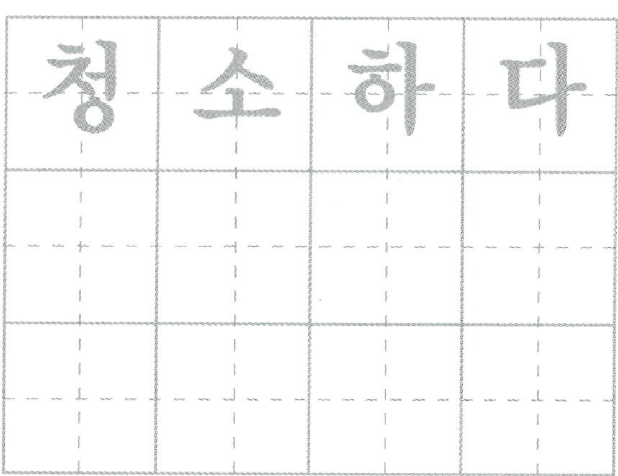

1

김
감

2

핸드폰
햄드판

3

만나다
일하다

4

청소하다
정수하다

5

차돈자
자동차

6

전화하다
정화하다

Зурагт тохирох үгийн үеийг зөв сонгон бичнэ үү.

1

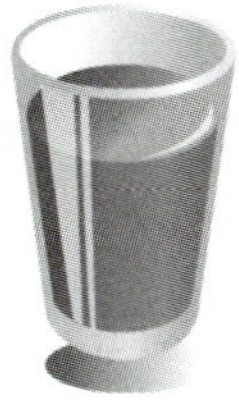

문	물
뭄	뭉

2

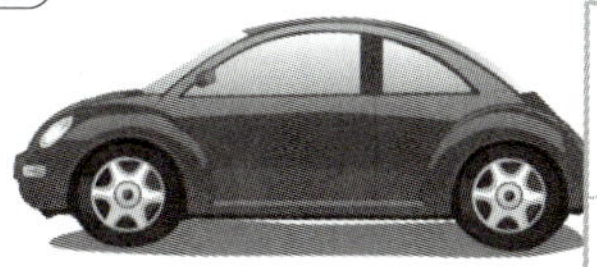

돈	돌
돔	동

자		차

3

인	일
임	잉

	하	다

4

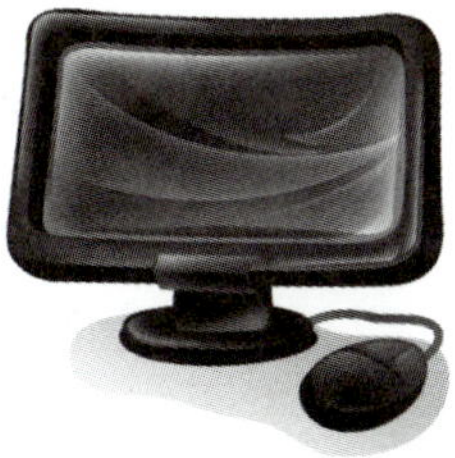

컨	컬
컴	컹

	퓨	터

5

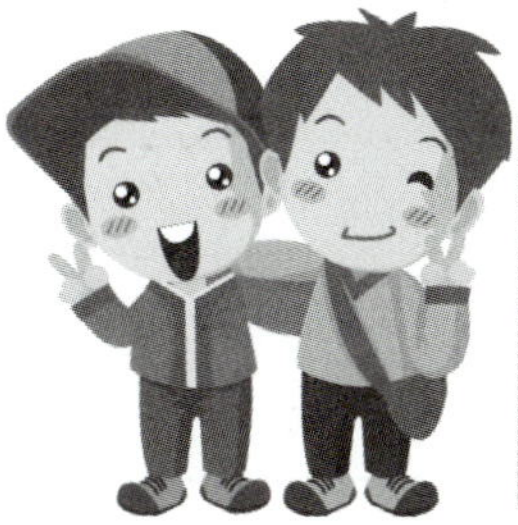

친	칠
침	칭

	구

6

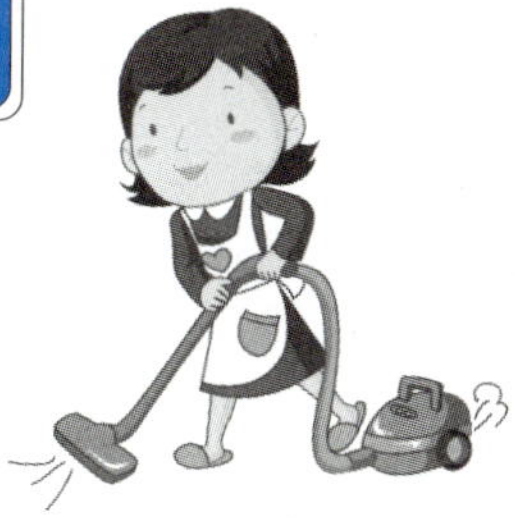

천	철
첨	청

	소	하	다

 Ye холбож уншина уу.

1 물을 마시다
Ус уух

2 친구를 만나다
Найзтайгаа уулзах

3 아빠가 컴퓨터로 일하다
Аав компьютер дээр ажиллах

4 친구와 핸드폰으로 전화하다
Найзтайгаа гар утсаар ярих

 Амандаа авиалж бичнэ үү.

만나다			
친구			
핸드폰			
물			
일하다			
컴퓨터			
강			
공부하다			
자동차			
청소하다			

Авиаг зөв дуудан үе холбож бичнэ үү.

Жишээлбэл : ㄱ + ㅏ + ㄱ = 각 / ㄴ + ㅗ + ㅍ = 높

	ㅏ	ㅓ	ㅗ	ㅜ	ㅡ	ㅣ	Дэвсгэр үсэг	
ㄱ	각						ㄱ	
ㄴ		넉					ㅋ	[k]
ㄷ			독				ㄲ	
ㄹ				룹			ㅂ	[p]
ㅁ					믚		ㅍ	

*Бүх гийгүүлэгчтэй нэгдэх боломжтой.

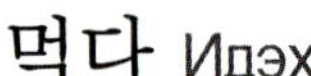

먹다 Идэх

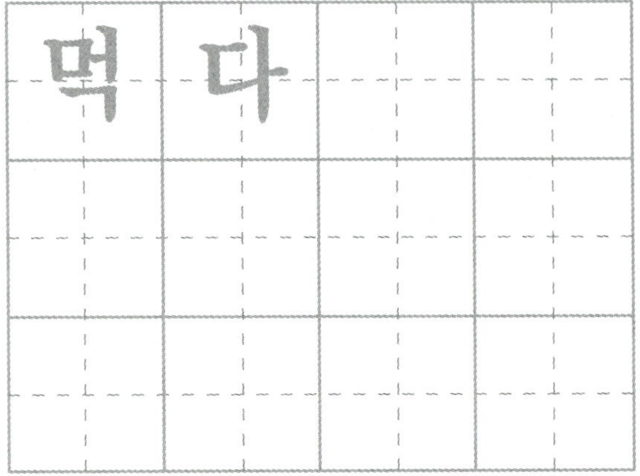

약 Эм

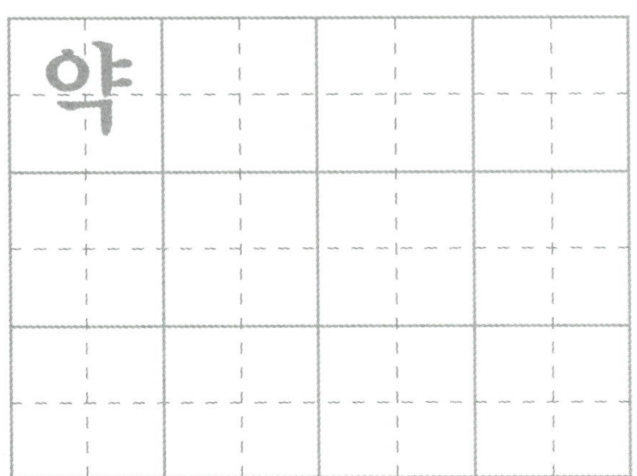

한국 Солонгос

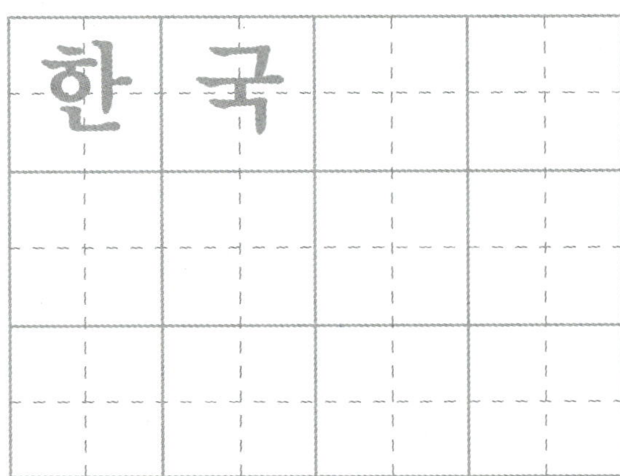

학생 Оюутан

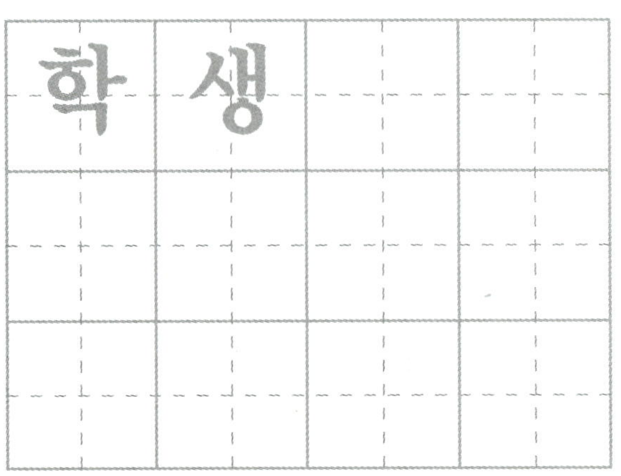

택시 Такси

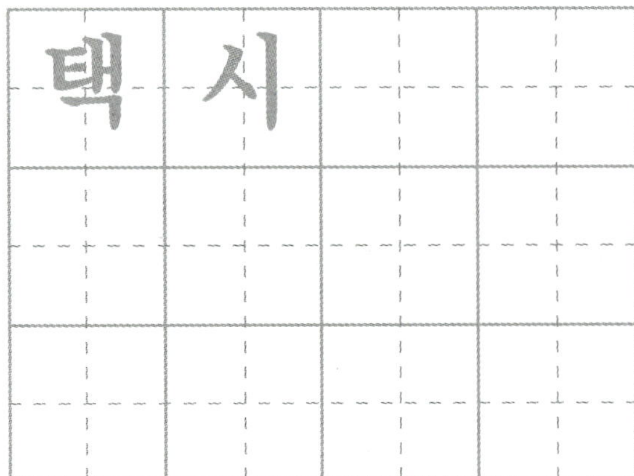

낚시 Загасчлал

입 Ам

지갑 Түрүүвч, хэтэвч

장갑 Бээлий
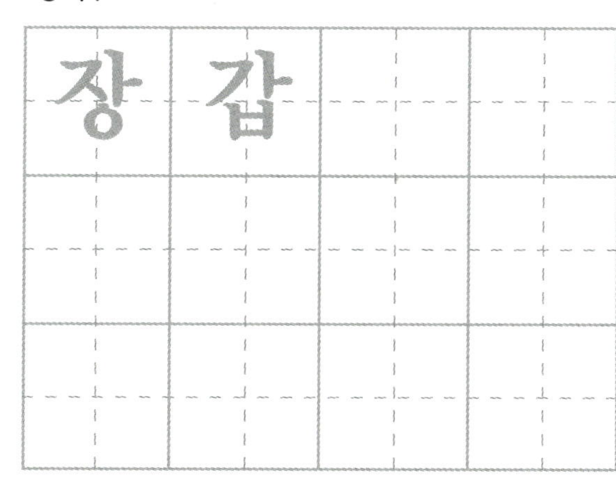

입다 Өмсөх
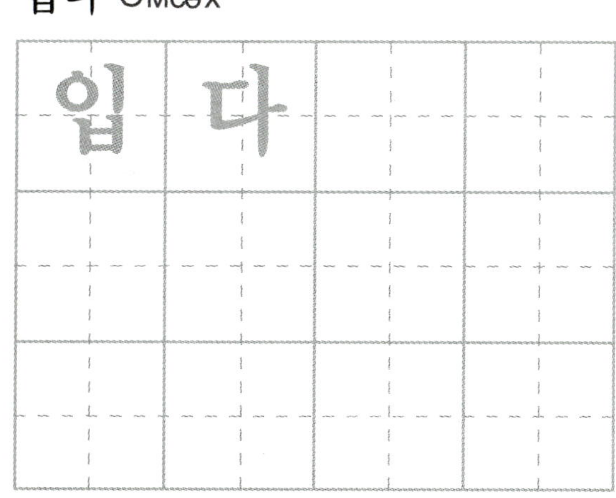

무릎 Өвдөг

높다 Өндөр
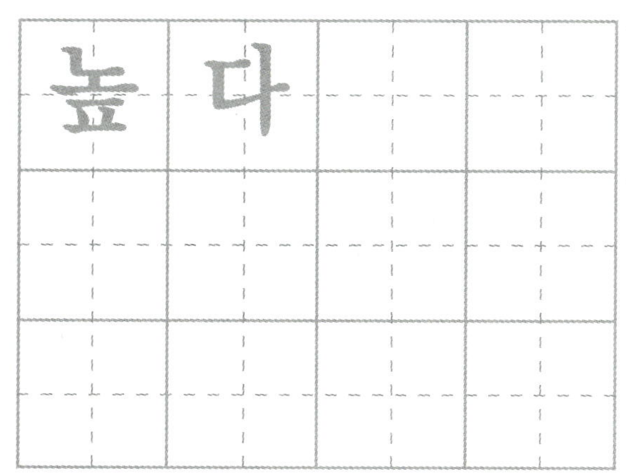

1

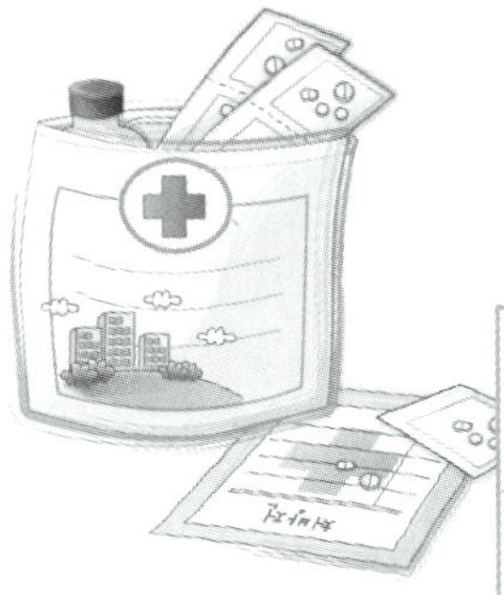

양
약

2

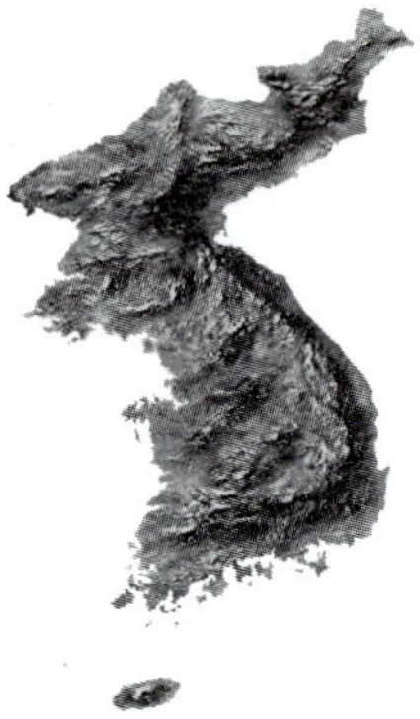

한국
학생

3

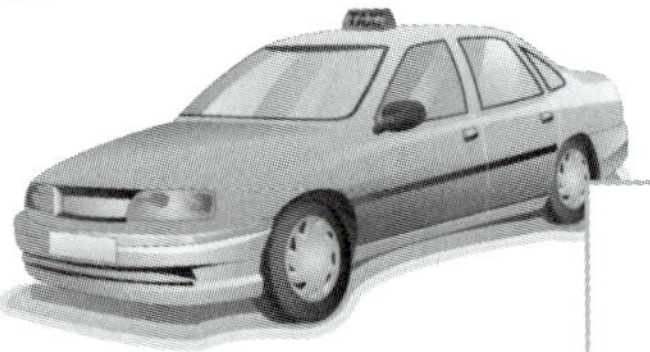

택시
낚시

4

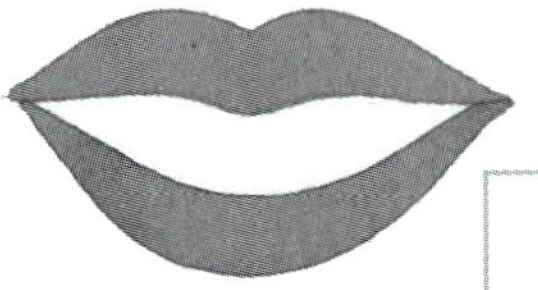

입
앞

5

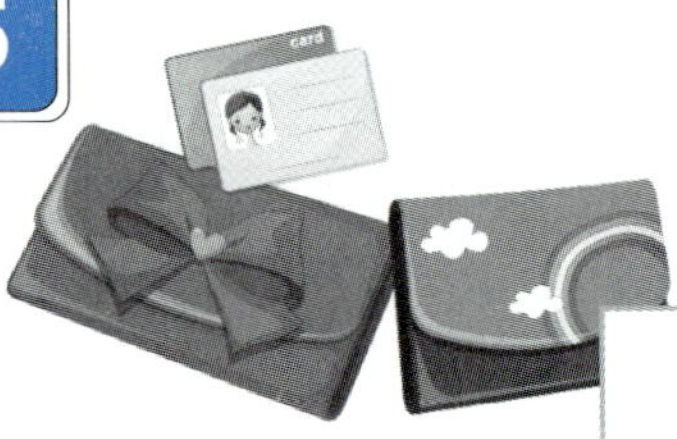

지갑
지각

6

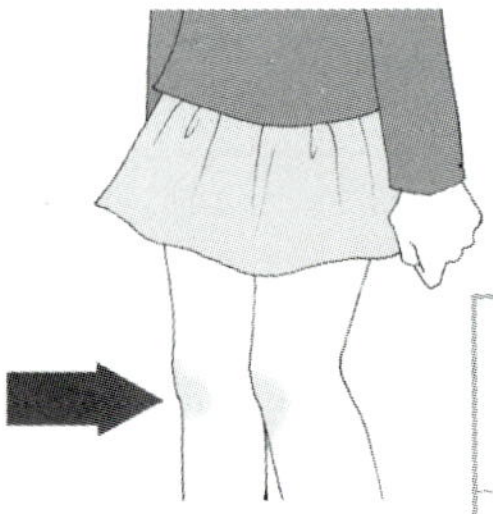

무릎
무름

Зурагт тохирох үгийн үеийг зөв сонгон бичнэ үү.

1

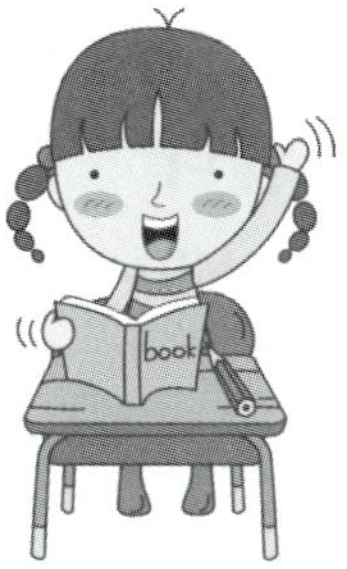

한	학
항	합

	생

2

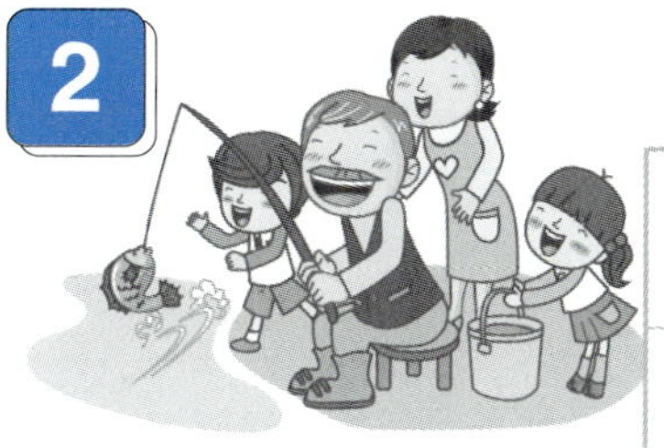

낙	낚
납	낲

	시

3

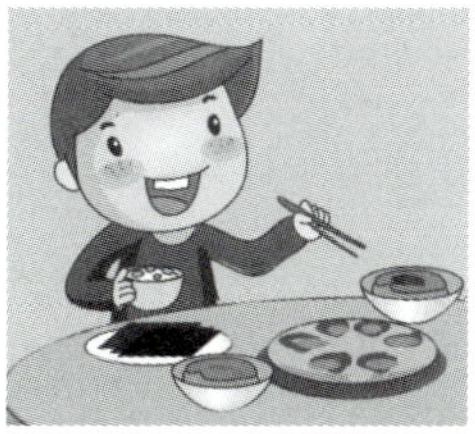

먹	먺
먼	멉

	다

4

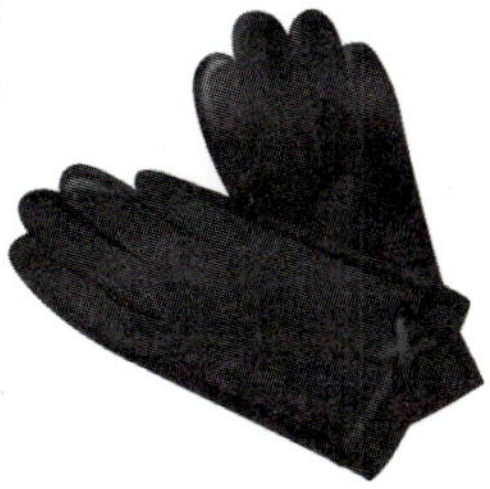

각	갂
갑	갚

장	

5

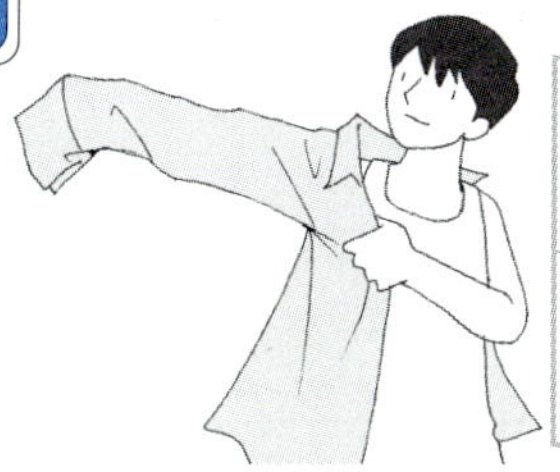

익	인
입	잎

	다

6

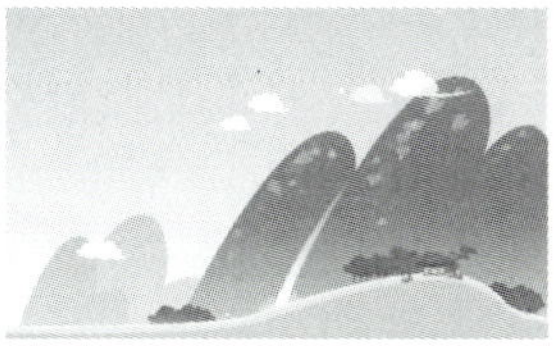

녹	논
놉	높

	다

 Үе холбож уншина уу.

1	**약을 먹다**
	Эм уух

2	**강에서 낚시를 하다**
	Гол дээр загасчилах

3	**무릎이 아프다**
	Өвдөг өвдөх

4	**스웨터를 입다**
	Ноосон цамц өмсөх

 **Амандаа авиалж бичнэ үү.**

먹다						
약						
한국						
학생						
택시						
낚시						
입						
지갑						
장갑						
입다						
무릎						
높다						

Авиаг зөв дуудан үе холбож бичнэ үү.

Жишээлбэл : ㄱ + ㅏ + ㄷ = 갇 / ㄴ + ㅗ + ㅅ = 놋

	ㅏ	ㅓ	ㅗ	ㅜ	ㅡ	ㅣ	Дэвсгэр үсэг
ㄱ	갇						ㄷ
ㄴ		넛					ㅅ
ㄷ			돚				ㅆ
ㄹ				룻			ㅈ [t]
ㅁ				뭊			ㅊ
ㅂ					빝		ㅌ
ㅅ							ㅎ

*Бүх гийгүүлэгчтэй нэгдэх боломжтой.

걷다 Алхах

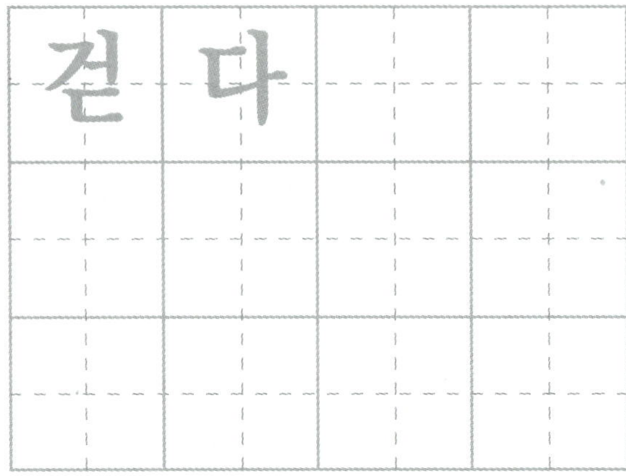

듣다 Сонсох

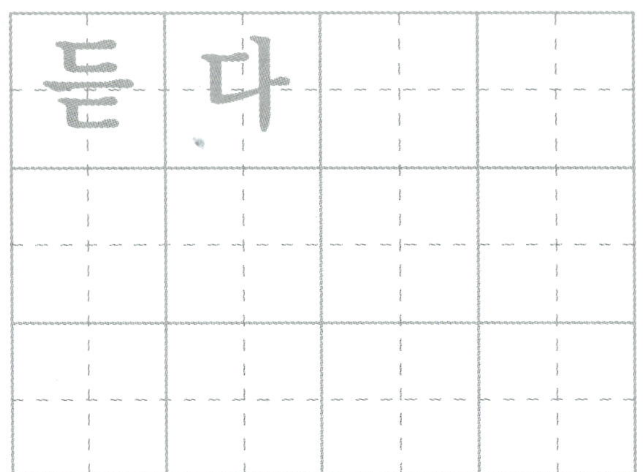

숟가락 Халбага

씻다 Угаах

옷 Хувцас

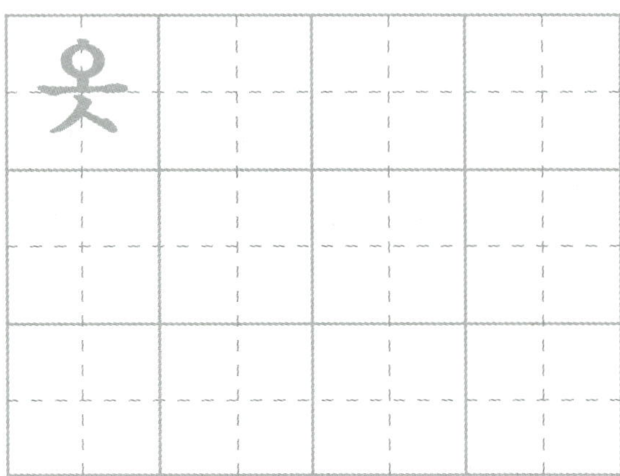

웃다 Инээх

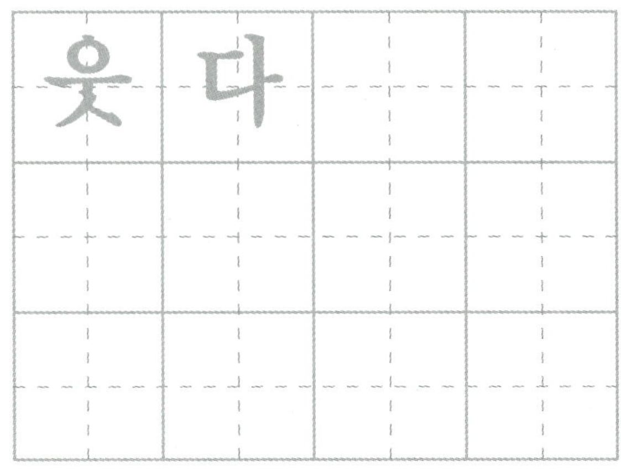

젓가락 Савх

낮다 Намхан

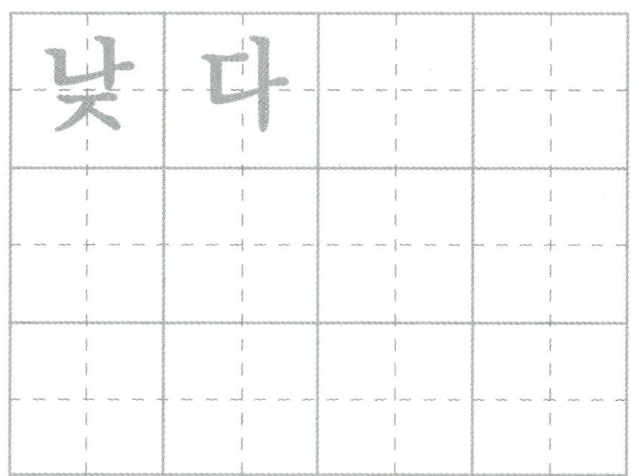

꽃 Цэцэг

같다 Адил, ижилхэн

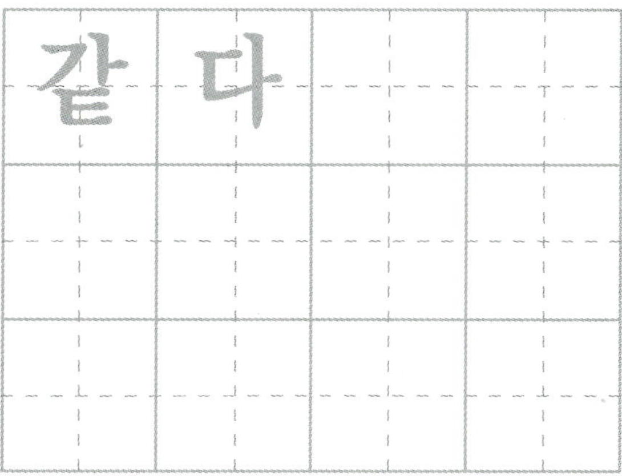

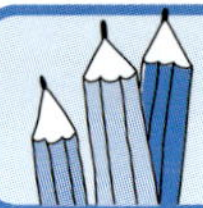

1

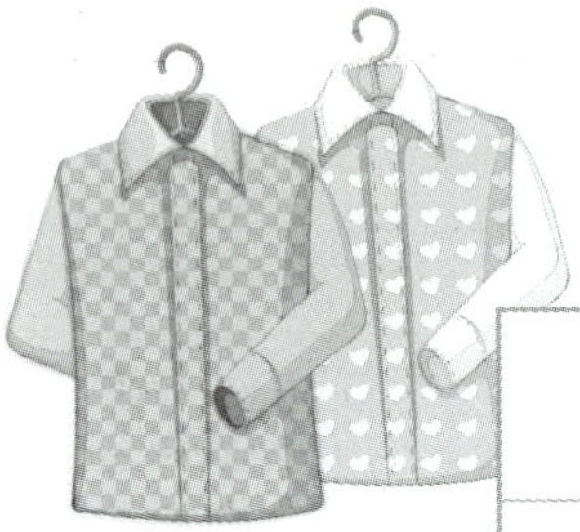

옷
옥

2

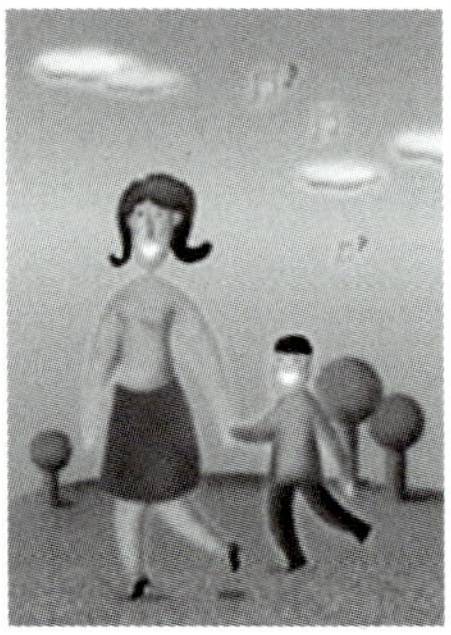

걷다
같다

3

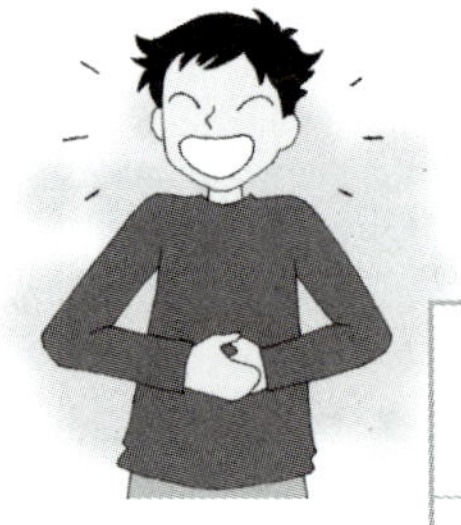

알다
웃다

4

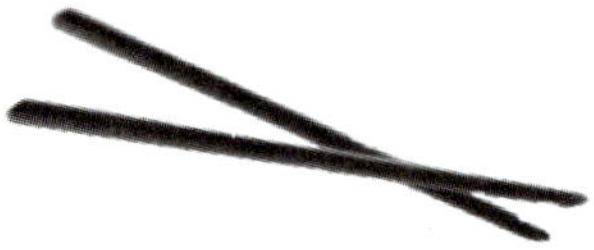

숟가락
젓가락

5

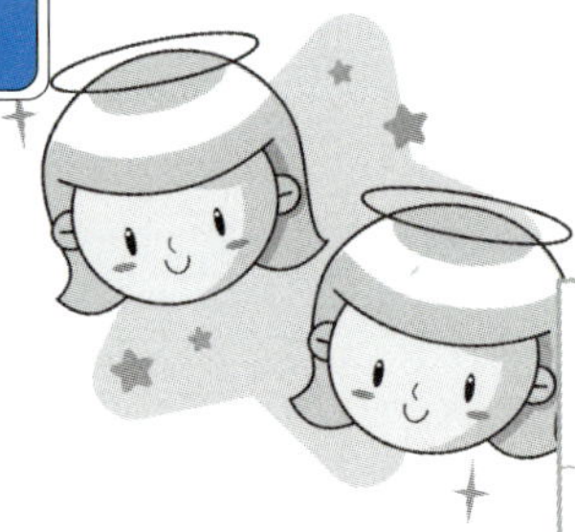

감다
같다

6

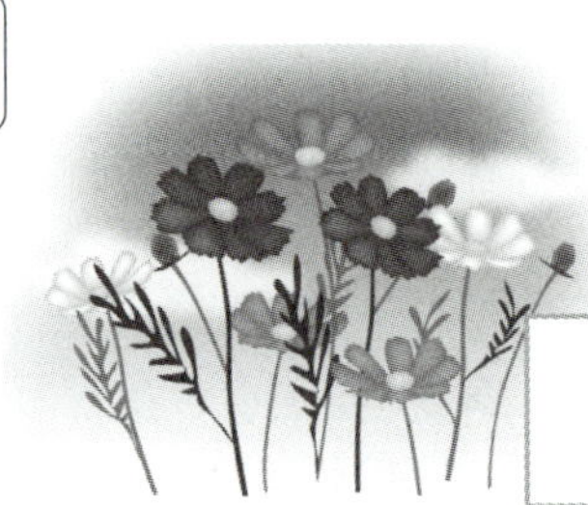

꽃
꼭

1

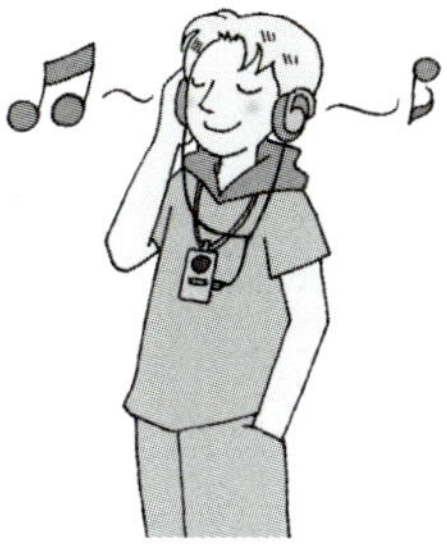

| 든 | 듣 |
| 듯 | 듲 |

| | | 다 |

2

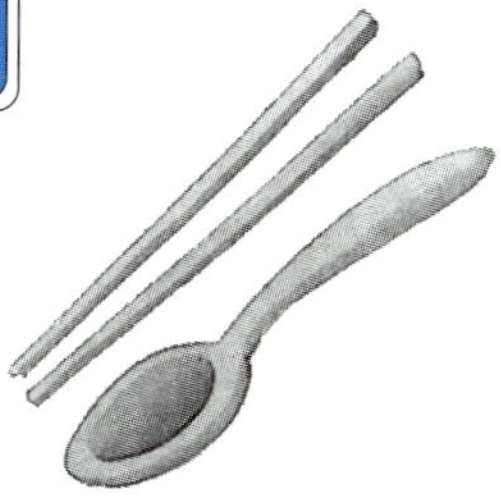

| 술 | 숟 |
| 숫 | 숯 |

| | 가 | 락 |

3

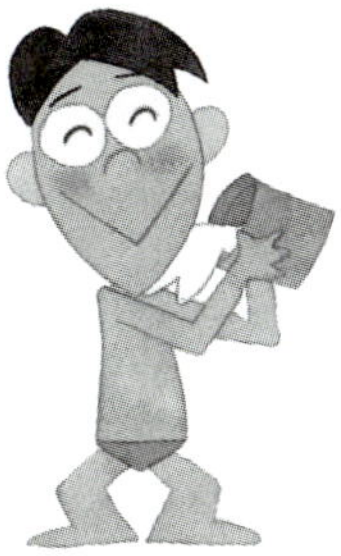

| 씩 | 씬 |
| 씽 | 씻 |

| | | 다 |

4

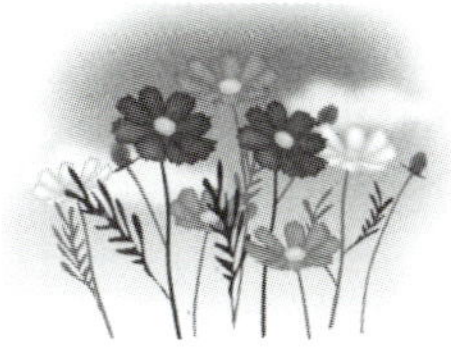

| 꼭 | 꼳 |
| 꼿 | 꽃 |

| | |

5

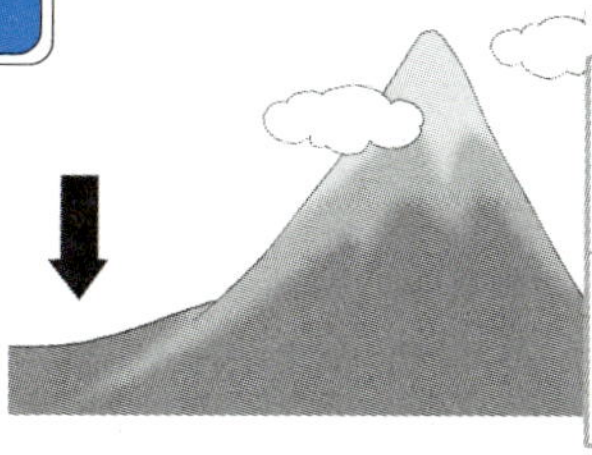

| 난 | 날 |
| 낮 | 낫 |

| | | 다 |

6

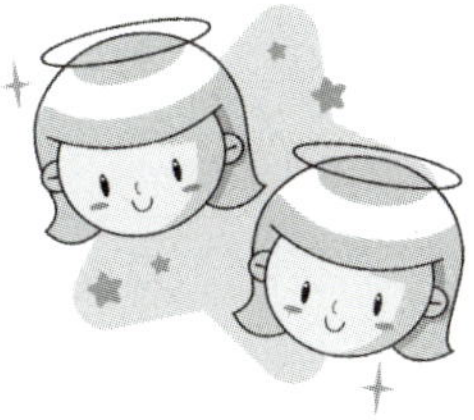

| 갇 | 갓 |
| 갖 | 같 |

| | | 다 |

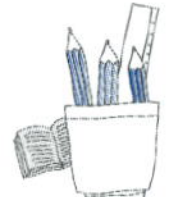 Үе холбож уншина уу.

1 숟가락으로 국을 먹다
Халбагаар шөл уух

2 노래를 듣다
Дуу сонсох

3 친구가 웃다
Найз инээх

4 의자가 낮다
Сандал намхан байх

 Амандаа авиалж бичнэ үү.

걷다				
듣다				
숟가락				
씻다				
옷				
웃다				
젓가락				
낮다				
꽃				
같다				

23-р хичээл.

Гийгүүлэгч+Эгшиг+Дэвсгэр үсэг ④

Авиаг зөв дуудан үе холбож бичнэ үү.

Хос дэвсгэр үсэг	ㄳ	ㄵ	ㄶ	ㄼ	ㅄ	ㄺ	ㄻ
	[k]	[n]		[l]	[p]	[k]	[m]
	넋	앉	많	넓	없	읽	젊

*Бүх гийгүүлэгчтэй нэгдэх боломжтой.

앉다 Суух

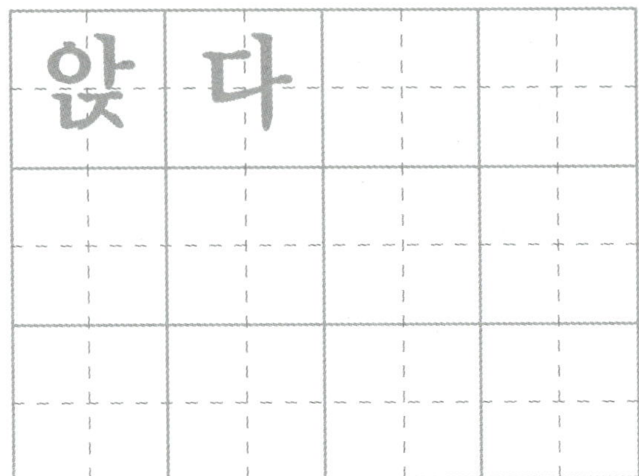

많다 Их байх

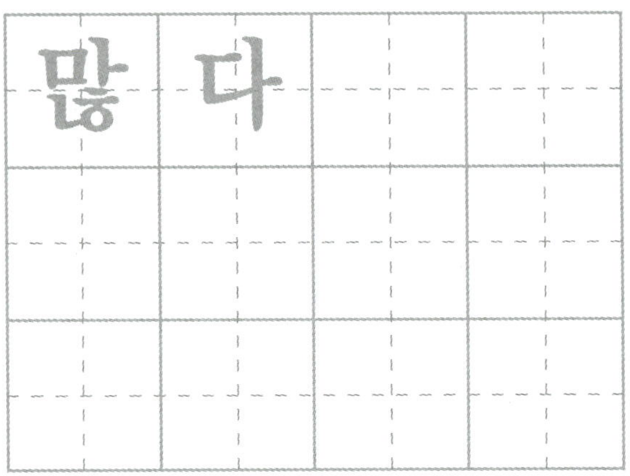

읽다 Унших

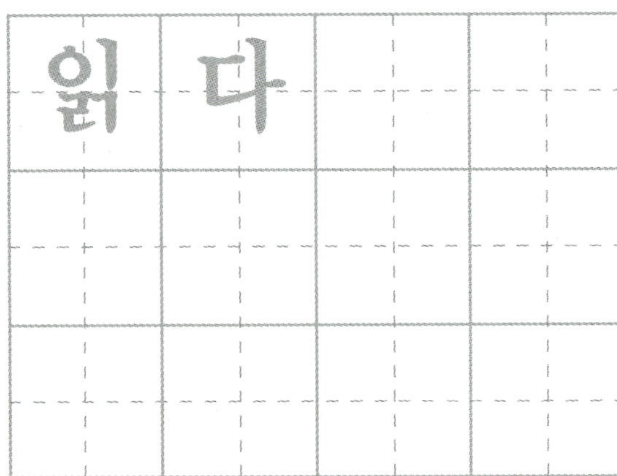

넓다 Өргөн

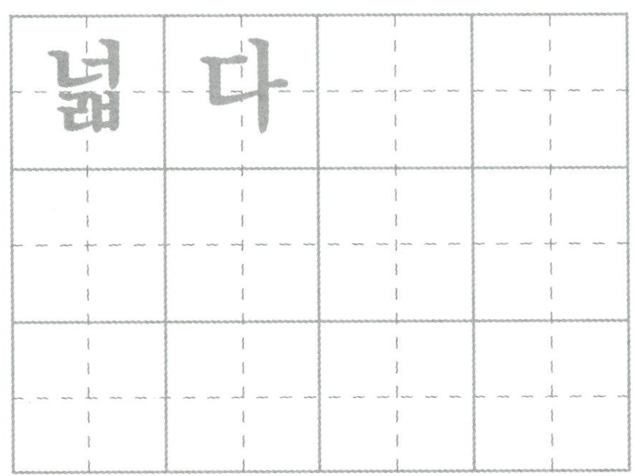

없다 Байхгүй

싫다 Дургүй, таагүй

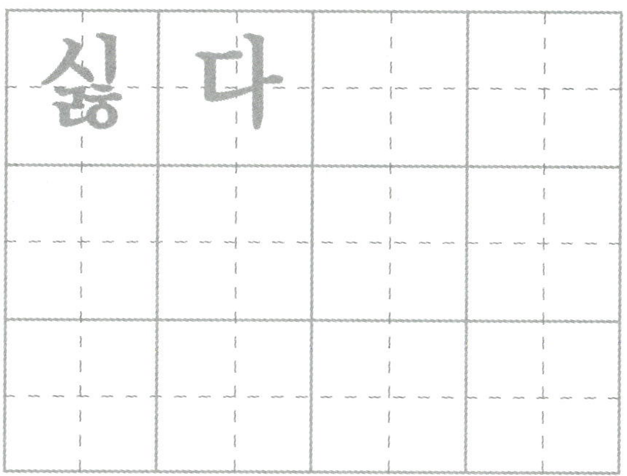

젊다 Залуу байх

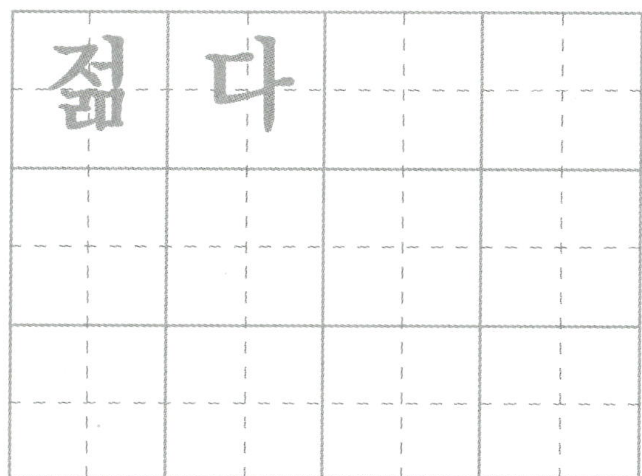

1

2

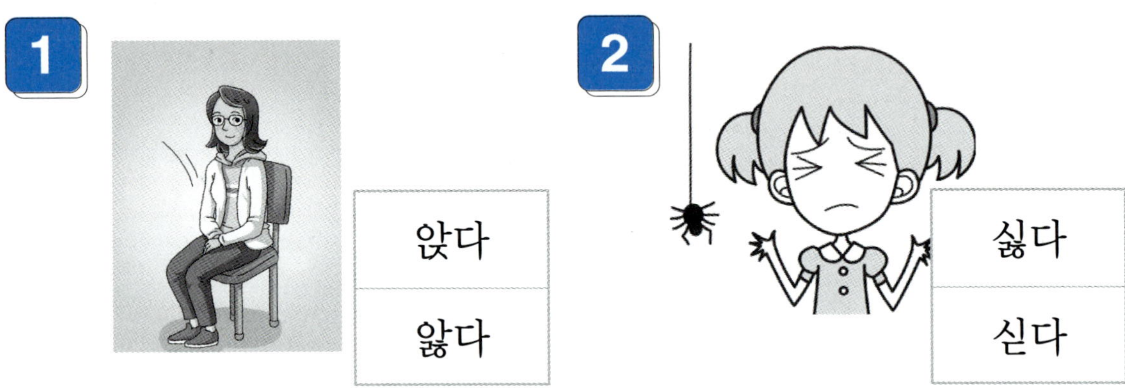

3

4

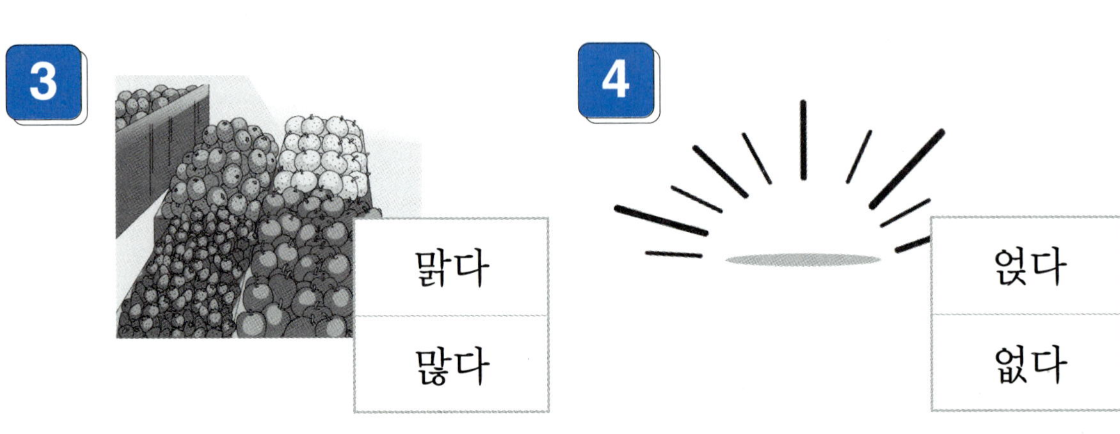

1 

| 젊 | 젆 |

다

2 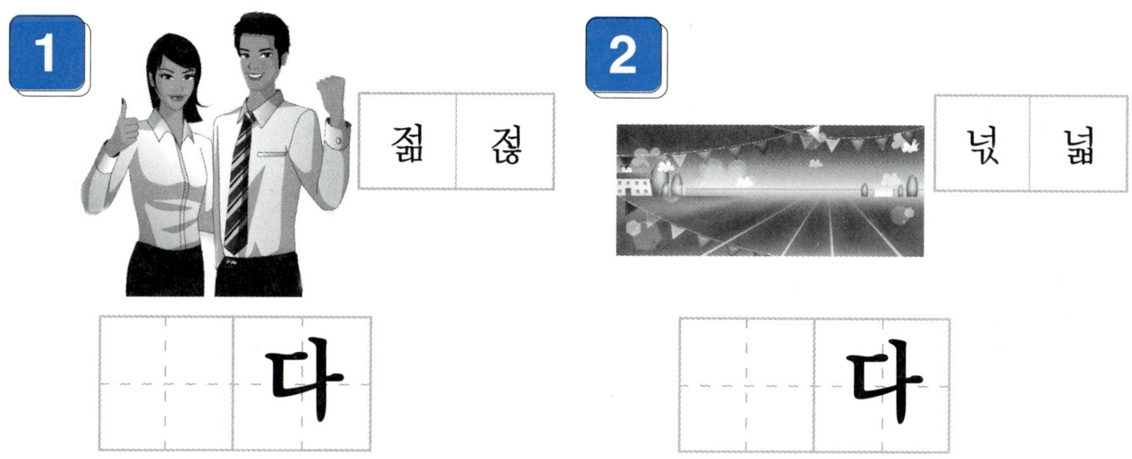

| 넋 | 넓 |

다

 Үе холбож уншина уу.

1 의자에 앉다
Сандал дээр суух

2 새가 많다
Шувуу их байх

3 아빠가 젊다
Аав залуухан

4 호수가 넓다
Нуур өргөн байх

앉다					
많다					
읽다					
젊다					
넓다					
싫다					
없다					

 Зурагт тохирох үгийн дэвсгэр үсгийг зөв холбож бичнэ үү.

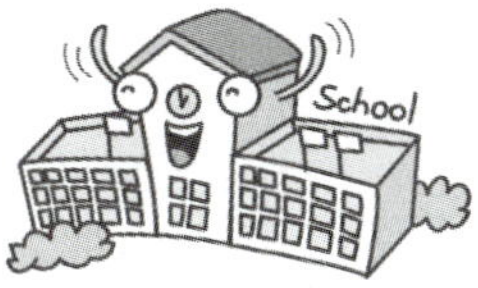

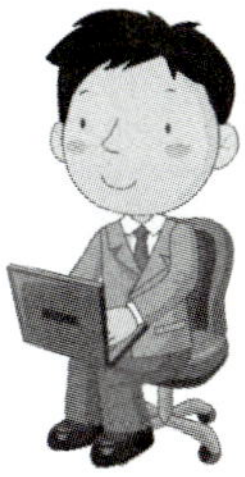

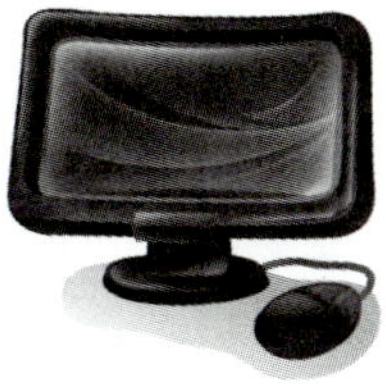

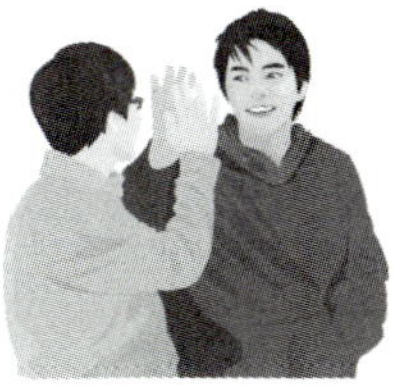

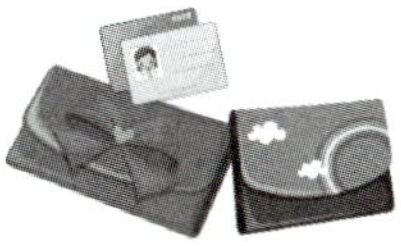

교　　하다　　퓨터　　나다　　지

ㄱ　　ㄴ　　ㄹ　　ㅁ　　ㅂ

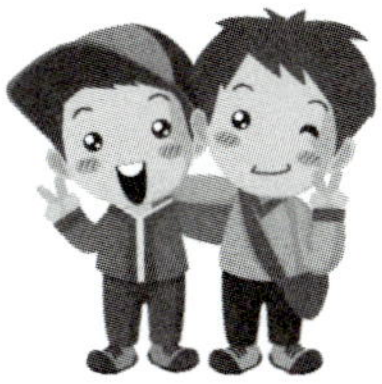

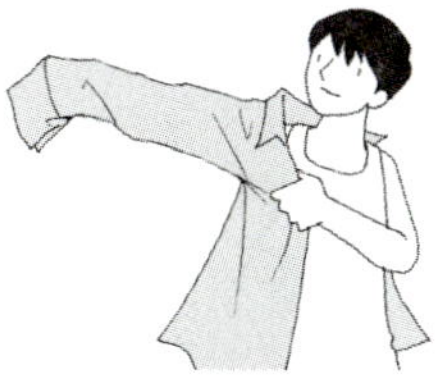

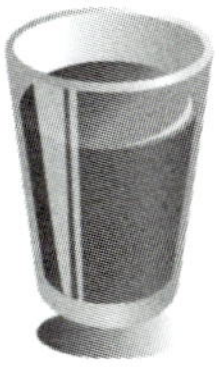

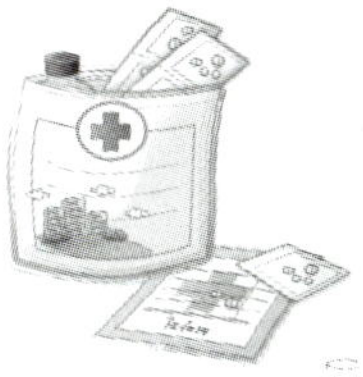

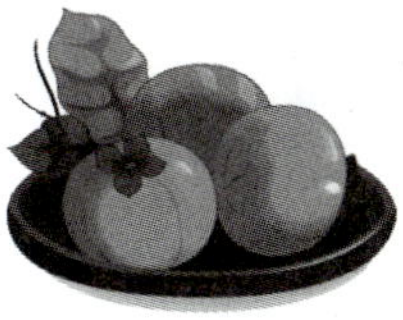

구　　다

1

학생
한국
한복

2

공부하다
청소하다
세수하다

3

입다
받다
높다

4

낚시
택시
친구

5

같다
길다
웃다

6

앉다
맑다
없다

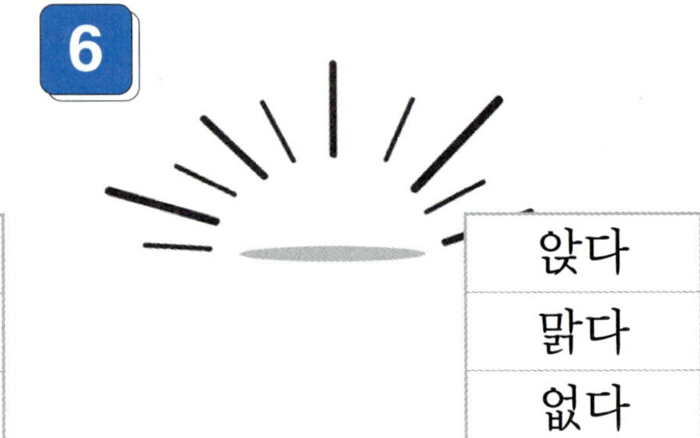

Зурагт тохирох үгийг бичлэг сонсон зөв бичнэ үү.

1

____

2

____

3

____

4

____

5

____

6

____

Сурсан үгсээ үе бүтэх аргаар хайн олж бичнэ үү.

숟 가 락 피 겯 다 르 트 기 터 고
시 퍄 바 무 야 괜 옷 읽 다 뿌 택
핸 드 폰 류 공 부 하 다 탁 낚 시

1 숟가락   **2**   **3**

4   **5**   **6**

7   **8**   **9**

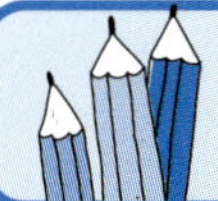

만나다				
친구				
핸드폰				
물				
일하다				
컴퓨터				
강				
공부하다				
자동차				
청소하다				
먹다				
약				
한국				
학생				
택시				
낚시				
입				
지갑				

장갑				
입다				
무릎				
높다				
걷다				
듣다				
숟가락				
씻다				
옷				
젓가락				
낮다				
꽃				
같다				
앉다				
많다				
읽다				
젊다				
넓다				
싫다				
없다				

Сэжун их хаан Эгшиг үсгийг хэрхэн бүтээсэн бэ?

Сэжун их хаан "Хүн Мин Жон Ым"-ийг бүтээхдээ "Сонни Дэжөн", "Жү Ёг" зэрэг дорнын гүн ухааныг сайтар судалсан мэдлэгтээ түшиглэн огторгуй ертөнцийн эсрэг тэсрэг хоёр таталцах хүч болон таван зүйлийн бодисын гүн ухааны үзэлд суурилан Хангыл үсгийг бүтээсэн юм.

Хангыл эгшиг үсэг нь тэнгэр болон газрыг дүрслэн эр эгшиг ᅡ(•) нь тэнгэр, эм эгшиг ᅳ (＿) нь газар мөн хүнийг дүрслэн саармаг эгшиг ᅵ (｜)-ийг нэмж бүтээсэн байна. Түүнчлэн эдгээр үсгийг хослуулан бусад эгшиг үсгүүдийг бүтээжээ.

Эр эгшиг : тэнгэр   · ㅏ ㅑ ㅗ ㅛ
Эм эгшиг : газар   ㅡ ㅓ ㅕ ㅜ ㅠ
Саармаг эгшиг : хүн   ㅣ

Эр, эм эгшиг үсгийн зохицох ёс нь ертөнцийн зүй зохицлын онолд үндсэлсэн болох нь сайтар харагддаг бөгөөд 'Нар мандахад гэгээ орж, нар жаргахад харанхуй болдог'байгалийн үзэгдэл эдгээр эгшиг үсгэнд тод сайн илэрдэг юм.

3 Уншлага ба дуудлага

Эгшиг үсгээс сурсан үгсийг бичлэг сонсон дагаж уншина уу.

아래	Доор		아버지	Аав
어부	Загасчин		어머니	Ээж
오이	Өргөст хэмх		오리	Нугас
우유	Сүү		우산	Шүхэр
그림	Зураг		그네	Савлуур
이	Энэ		이것	Энэ зүйл
야구	Бэйсбол		야채	Хүнсний ногоо
여자	Эмэгтэй		여권	Гадаад паспорт
요리	Хоол		요가	Хийн дасгал
유리	Шил		유모차	Хүүхдийн тэрэг
새	Шувуу		택시	Такси
메뉴	Цэс		텔레비전	Зурагт
회사	Компани		왼쪽	Зүүн зүг
귀	Чих		위	Дээр
얘기	Яриа		계산기	Тооны машин
과자	Жигнэмэг		월급	Сарын цалин
돼지	Гахай		웨이터	Зөөгч
의자	Сандал			

 **35** Гийгүүлэгч үсгээс сурсан үгсийг бичлэг сонсон дагаж уншина уу.

가게	Дэлгүүр	국	Шөл
나무	Мод	남자	Эрэгтэй
다리	Хөл, гүүр	돈	Мөнгө
라디오	Радио	라면	Бэлэн гоймон
마늘	Сармис	말	Морь
버스	Автобус	밤	Шөнө
수저	Халбага савх	손	Гар
아기	Хүүхэд	안경	Нүдний шил
자동차	Авто машин	집	Гэр
치마	Юбка	책	Ном
코	Хамар	카메라	Камер
토마토	Улаан лооль	택시	Такси
피아노	Төгөлдөр хуур	팔	Гар
하늘	Тэнгэр	한복	Ханбуг, Солонгос үндэсний хувцас
꼬리	Сүүл	꽃	Цэцэг
뚜껑	Таглай	떡	Дог: будааны жигнэмэг
뿌리	Үндэс	빵	Талх
쓰레기	Хог	씨름	Бөх
찌개	Шөл	찐빵	Мантуу

Гийгүүлэгч+Эгшиг үсгийн үе бүтэх ёсноос сурсан үгсийг бичлэг сонсон дагаж уншина уу.

고기	мах		나	би
너	Чи		누나	Эгч
가다	Явах		나가다	Гарах, гарч явах
다니다	Явах/байнга		다리	Хөл, гүүр
도로	Зам		구두	Гутал
다르다	Өөр, ондоо		기다리다	Хүлээх
고구마	Чихэрлэг төмс		머리	Толгой
어머니	Ээж		모르다	Мэдэхгүй
나무	Мод		바다	Далай
버스	Автобус		보다	Үзэх, харах
비	Бороо		사다	Худалдаж авах
마시다	Уух		아기	Хүүхэд
자다	Унтах		자르다	Тайрах
주스	Жүүс		기차	Галт тэрэг
치마	Юбка		카드	Карт
마스크	Маск		크다	Том байх
키	Чац, нуруу		타다	Суух/унаанд/
코트	Пальто		파리	ялаа
아파트	Орон сууц		포크	Сэрээ

아프다	Өвдөх	피아노	Төгөлдөр хуур
피자	Пицца	허리	Бэлхүүс
호수	Нуур	꼬리	Сүүл
토끼	Туулай	코끼리	Заан
허리띠	Бүс, тэлээ	아빠	Аав
뽀뽀	Үнсэлт	뿌리	Үндэс
싸다	Хямдхан	비싸다	Үнэтэй
쓰다	Бичих, гашуун	씨	①Үр ②гуай, авгайлах нэр
짜다	Давстай, шахах	야구	Бэйсбол
여자	Эмэгтэй	뼈	Яс
혀	Хэл	요리	Хоол
요구르트	Тараг	표	Тасалбар, хүснэгт
서류	Бичиг баримт	우유	Сүү
유리	Хоол	찌개	Шөл
노래하다	Дуу дуулах	해	① Нар ② жил
게르	Гэр	세수하다	Нүүр гараа угаах
카메라	Камер	케이크	Бялуу
회사	Компани	귀	Чих
가위	Хайч	시계	Цаг
사과	Алим	샤워하다	Шүршүүрт орох
돼지	Гахай	스웨터	Ноосон цамц
의사	Эмч		

37

Гийгүүлэгч+Эгшиг+Дэвсгэр үсгийн нийлмэл үеэс суралцсан үгсийг бичлэг сонсон дагаж уншина уу.

만나다	Уулзах		친구	Найз
핸드폰	Гар утас		물	Ус
일하다	Ажиллах		컴퓨터	Компьютер
강	Гол		공부하다	Хичээл хийх
자동차	Авто машин		청소하다	Цэвэрлэх
먹다	Идэх		약	Эм
한국	Солонгос		학생	Оюутан
택시	Такси		낚시	Загаслчлал
입	Ам		지갑	Түрүүвч, хэтэвч
장갑	Бээлий		입다	Өмсөх
무릎	Өвдөг		높다	Өндөр байх
걷다	Алхах		듣다	Сонсох
숟가락	Халбага		씻다	Угаах
옷	Хувцас		웃다	Инээх
젓가락	Савх		낮다	Намхан байх
꽃	Цэцэг		같다	Адил, ижилхэн
앉다	Суух		많다	Их байх
읽다	Унших		젊다	Залуу байх
넓다	Өргөн уудам		싫다	Дургүй, таагүй байх
없다	Байхгүй			

Дэвсгэр үсгийн дараа эгшгээр эхэлсэн үе залган орвол тухайн гийгүүлэгч үсэгтэй хавсарч дуудна . Үүнийг "Холбож дуудах ёс" гэдэг.

38 Бичлэгийг дагаж уншина уу.

집으로 → [지브로] 집에 → [지베]

먹어요 → [머거요] 신어요 → [시너요]

닦아요 → [다까요] 깎아요 → [까까요]

읽어요 → [일거요] 앉아요 → [안자요]

39 Бичлэгийг дагаж уншина уу.

1 음식을 먹어요.
Хоол идэж байна.

2 양말을 신어요.
Оймс өмсөж байна.

3 창문을 닦아요.
Цонх арчиж байна.

4 과일을 깎아요.
Жимс хальсалж байна.

5 책을 읽어요.
Ном уншиж байна.

6 의자에 앉아요.
Сандал дээр сууж байна.

Бичлэг сонсон зөв үгийг сонгоно уу.

1 밥아요 받아요 반아요   **2** 신어요 실어요 싯어요

3 갔어요 갖어요 갂어요   **4** 않아요 안아요 앉아요

백 년 → [뱅 년]

Дэвсгэр үсгийн дараа гийгүүлэгчээр эхэлсэн үе залган орвол тухайн үгийн дуудлага өөрчлөгддөг. Үүнийг "Гийгүүлэгч авианы хувьсал" гэдэг.

41 Бичлэгийг дагаж уншина уу.

백로 → [뱅노]	종로 → [종노]
한국말 → [한궁말]	박물관 → [방물관]
닫는다 → [단는다]	꽃만 → [꼰만]
일 년 → [일 련]	신라 → [실라]
밥맛 → [밥맏]	십년 → [심년]

42 Бичлэгийг дагаж уншина уу.

1 한국말을 배워요.
Солонгос хэл сурдаг.

2 박물관에 가요.
Музей явж байна.

3 문을 닫는다.
Хаалга хаадаг.

4 천 리 길도 한 걸음부터.
Мянган бээр газар ч нэг алхмаас эхэлдэг.

5 밥맛이 좋아요.
Хоол амттай байна.

6 일 년 살았어요.
Нэг жил амьдарсан.

Бичлэг сонсон зөв үгийг сонгоно уу.

1 한국말 한구말 학국말 **2** 난오 날오 난로

3 신내 실내 심내 **4** 작년 잔년 장연

Дэвсгэр үсгийн дараа гийгүүлэгч 'ㄱ, ㄷ, ㅂ, ㅅ, ㅈ' залган орвол чанга авиа [ㄲ, ㄸ, ㅃ, ㅆ, ㅉ] болж тус тус дуудагдана. Үүнийг "Авиа чангарах" гэнэ.

44 Бичлэгийг дагаж уншина уу.

학교 → [학꾜]   식당 → [식땅]   학비 → [학삐]

학생 → [학쌩]   숙제 → [숙쩨]

젓가락 → [젇까락]   꽃다발 → [꼳따발]   웃다 → [욷따]

몇 사람 → [면 싸람]   듣지 → [듣찌]

밥값 → [밥깝]   입다 → [입따]   십 분 → [십 뿐]

높다 → [놉따]   입지 → [입찌]

45 Бичлэгийг дагаж уншина уу.

1 학교가 몇 시에 끝나요?
Хичээл хэдэн цагт дуусах вэ?

2 일곱 시에 끝나요.
Долоон цагт дуусна.

3 젓가락으로 반찬을 먹어요.
Савхаар хачираа иддэг.

4 선생님 말을 듣지 않아요.
Багшын яриаг сонсохгүй байна.

5 쉬는 시간은 십 분입니다.
Амрах цаг/завсарлага/ арван минут.

6 꽃다발을 주세요.
Баглаа цэцэг өгнө үү.

1 숟가락 순가락 술가락　　**2** 늦잠 늘잠 늡잠

3 듫습니다 듣습니다　　**4** 반갑 밤값 밥값

27-р хичээл. 좋고 → [조코]

Дэвсгэр үсэг 'ㅎ'-ийн дараа гийгүүлэгч 'ㄱ, ㄷ, ㅂ, ㅈ' залган орвол [ㅋ, ㅌ, ㅍ, ㅊ] үсгийн авиа болж дуудагдана. Үүнийг "Авиа хүчтэй болох" гэдэг.

47 Бичлэгийг дагаж уншина уу.

좋고 → [조코]	축하 → [추카]	않고 → [안코]
좋다 → [조타]	옷하고 → [오타고]	않다 → [안타]
입학 → [이팍]	덮어요 → [더퍼요]	
많지 → [만치]		

48 Бичлэгийг дагаж уншина уу.

1 날씨도 좋고 기분도 좋아요.
Цаг агаар ч сайхан сэтгэл ч сэргэг байна.

2 입학을 축하해요.
Сургуульд орсонд баяр хүргэе.

3 나는 네가 좋다.
Би чамд сайн.

4 옷하고 구두를 사요.
Хувцас болон гутал худалдаж авья

5 날씨가 따뜻해요.
Цаг агаар дулаахан.

6 학생이 많지 않아요.
Оюутан олон биш.

Бичлэг сонсон зөв үгийг сонгоно уу.

1 축아 축하 충가

2 복잡해요 복잠해요

3 따뜬해요 따뜻해요

4 입낙 임학 입학

Тагнайн бус авиа 'ㄷ, ㅌ' нь '이' болон '야, 여, 요, 유' эгшиг үсгийг араасаа залгавал тагнайн авиа болох [ㅈ, ㅊ]-аар хувирч дуудагдна. Үүнийг "Авиа тагнайших" гэдэг.

50 Бичлэгийг дагаж уншина уу.

맏이 → [마지]   해돋이 → [해도지]

같이 → [가치]   끝이 → [끄치]

붙여 → [부쳐]

51 Бичлэгийг дагаж уншина уу.

1 저는 맏이입니다.

Би айлын том.

2 해돋이가 아름다워요.

Нар шингэх нь үзэсгэлэнтэй байна.

3 편지에 우표를 붙여요.

Захидалд марк нааж байна.

4 바다는 끝이 없습니다.

Далай эцэс төгсгөлгүй.

Бичлэг сонсон зөв үгийг сонгоно уу.

1 해도이 해돈이 해톨이 **2** 햇볏시 햇볃이 햇볕이

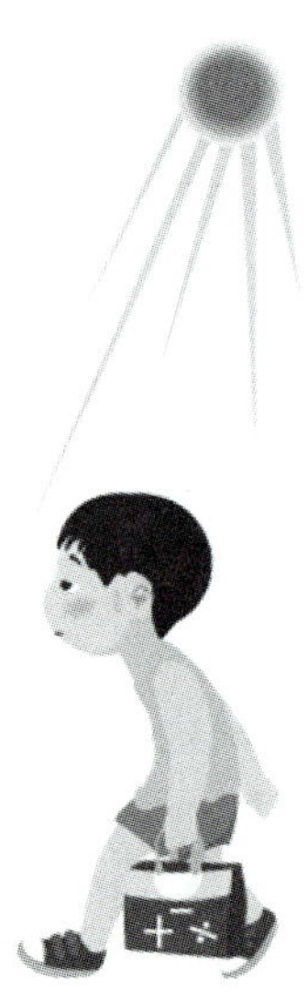

Сэжун их хаан Гийгүүлэгч үсгийг хэрхэн бүтээсэн бэ?

Сэжун их хаан маш авьяаслаг хөгжимчин байсан бөгөөд авиа зүйн эрдэмтний хувьд хүний өгүүлэх эрхтнийг сайтар судалж ингэснээр дуу авианы бүтцийг маш нарийн тогтоож түүнийгээ гийгүүлэгч үсэг зохион бүтээхдээ ашигласан юм. Өөрөөр хэлбэл хүний нүүрийг зүүн талаас нь ажиглан харж дуу авиа гаргахад оролцож буй өгүүлэх эрхтэний хөдөлгөөнийг дүрсэлж ㄱ (тагнайн уг), ㄴ (хэлний үзүүр), ㅁ (уруул), ㅅ (шүд), ㅇ (хоолойн уг) зэргээр үндсэн таван гийгүүлэгч авиаг өгүүлэх эрхтэний онцлогыг тусган дүрсэлж бүтээсэн байна.

Жишээ нь 'ㄱ' үсгийг хэлэхэд хэлний нугларсан хэлбэр, 'ㄴ' үсэг нь хэлний үзүүр дээд шүдэнд нааладсантай адил хэмээсэн ба "Хүн Мин Жон Ым" нь хүний өгүүлэх эрхтнийг дүрсэлж байгааг ' ㅁ ' үсэг нь уруулын хэлбэр, ' ㅅ ' үсэг нь шүдний хэлбэр, ' ㅇ ' үсэг нь хоолойн хэлбэрийг дуурайн бүтсэн болохыг харж болох ба эдгээр үндсэн таван гийгүүлэгч ㄱ, ㄴ, ㅁ, ㅅ, ㅇ дээр зураас нэмэх зарчмын дагуу бусад гийгүүлэгч үсгүүдийг үндэслэн бүтээсэн байна.

Тагнайн : ㄱ ㅋ
Хэл : ㄴ ㄷ ㅌ
Уруул : ㅁ ㅂ ㅍ
Шүд : ㅅ ㅈ ㅊ
Хоолойн : ㅇ ㅎ

1. 처음 만날 때 Анх уулзах үедээ  53

| 민수 | 안녕하세요? 김민수예요. |
| Минсү | Сайн байна уу? Ким Минсү байна. |

| 토야 | 안녕하세요? 저는 토야예요. |
| Туяа | Сайн байна уу? Намайг Туяа гэдэг. |

| 민수 | 토야 씨는 어느 나라 사람이에요? |
| Минсү | Туяа чи аль улсын иргэн бэ? |

| 토야 | 저는 몽골 사람이에요. 민수 씨는요? |
| Туяа | Би Монгол хүн. Харин Минсү чи? |

| 민수 | 저는 한국 사람이에요. 만나서 반가워요. |
| Минсү | Би Солонгос хүн. Танилцсандаа баяртай байна. |

| 토야 | 저도 만나서 반가워요. |
| Туяа | Би ч мөн танилцсандаа баяртай байна. |

| 저 би | 어느 аль | 나라 улс | 사람 хүн | 몽골 Монгол |

| 한국 Солонгос | 만나다 Уулзах, танилцах | 반갑다 баяртай байх |

2. 헤어질 때 Салах үедээ  54

토야   저는 이만 가야겠어요. 오늘 너무 즐거웠어요.
Туяа   Би ингээд явах болчихлоо. Өнөөдөр үнэхээр хөгжилтэй байлаа.

민수   저도 즐거웠어요. 그럼 집에 들어가서 쉬세요. 다음에 또 만나요.
Минсү   Би ч гэсэн хөгжилтэй байлаа. Тэгвэл гэртээ хариад сайхан амраарай.
          Дараа дахиад уулзья.

토야   네, 다음에 또 만나요. 안녕히 가세요.
Туяа   Тэгье, дараа дахиад уулзья. Баяртай.

민수   안녕히 가세요.
Минсү   Баяртай.

단어 Шинэ үг

이만 ингээд	가다 явах	오늘 өнөөдөр	너무 маш
즐겁다 хөгжилтэй	집 гэр	들어가다 орох	쉬다 амрах
다음 дараа	또 дахиад, дахин		

3. 소개 Танилцах  55

토야	민수 씨, 안녕하세요?
Туяа	Минсү, Сайн байна уу?

민수	토야 씨도 안녕하세요?
Минсү	Туяа чи ч гэсэн сайн байна уу?

토야	제 동생을 소개하겠어요. 바트라고 해요.
Туяа	Би дүүгээ танилцуулья. Бат гэдэг юм.

바트	안녕하세요. 처음 뵙겠습니다.
Бат	Сайн байна уу. Анх уулзаж байна.

민수	네, 바트씨. 반갑습니다.
Минсү	Тийм ээ, Бат аа. Танилцсандаа баяртай байна.

 Шинэ үг

동생 дүү   소개하다 танилцуулах   처음 анх

뵙다 уулзах/Хүндэтгэл/

가족 гэр бүл

남자 эрэгтэй

할아버지 өвөө

아버지(아빠) аав

형 ах/эрэгтэй хүн ахыгаа дуудхад/

오빠 ах/эмэгтэй хүн ахыгаа дуудхад/

남동생 эрэгтэй дүү

남편 нөхөр

아들 хүү

여자 эмэгтэй

할머니 эмээ

어머니(엄마) ээж

누나 эгч/эрэгтэй хүн эгчийгээ дуудхад/

언니 эгч/эмэгтэй хүн эгчийгээ дуудхад/

여동생 эмэгтэй дүү

아내 эхнэр

딸 охин

질문과 대답 Асуулт хариулт

1. 물건 Эд зүйл  57

바트 이것은 한국말로 뭐예요?
Бат Үүнийг Солонгосоор юу гэдэг вэ?

은주 책이라고 해요.
Инжү 'Чэг' гэдэг.

바트 그럼 저것도 책이에요?
Бат Тэгвэл тэр зүйлийг ч бас 'Чэг' гэхүү?

은주 아니요, 저것은 공책이에요.
Инжү Үгүй ээ, тэр бол 'Гунчэг'.

바트 아, 그렇군요.
Бат Аан, тийм үү.

단어 Шинэ үг

물건 эд зүйл	이것 энэ зүйл	한국말 Солонгос хэл	책 ном
저것 тэр зүйл	공책 дэвтэр		

2. 행동 Үйлдэл  58

| 민수 | 어제 집에서 쉬었어요? |
| Минсү | Өчигдөр гэртээ амарсан уу? |

| 토야 | 아니요, 친구를 만났어요. |
| Туяа | Үгүй ээ, найзтайгаа уулзсан. |

| 민수 | 친구하고 뭐 했어요? |
| Минсү | Найзтайгаа юу хийсэн бэ? |

| 토야 | 영화를 봤어요. |
| Туяа | Кино үзсэн. |

| 민수 | 영화가 어땠어요? |
| Минсү | Кино ямар байв да? |

| 토야 | 아주 재미있었어요. |
| Туяа | Маш сонирхолтой байсан. |

단어 Шинэ үг

| 행동 үйлдэл | 어제 өчигдөр | 집 гэр | 쉬다 амрах | 친구 найз |
| 만나다 уулзах | 영화 кино | 보다 үзэх | 재미있다 сонирхолтой |

3. 시간 Цаг хугацаа  59

바트	은주 씨, 시간 있어요?
Бат	Инжү, чи завтай байна уу?

은주	지금 몇 시예요?
Инжү	Одоо хэдэн цаг болж байна?

바트	지금은 1 시예요.
Бат	Одоо 1 цаг болж байна.

은주	그럼 30 분쯤 시간이 있어요.
Инжү	Тэгвэл 30 минутын зав байна.

바트	그럼 잠깐 은주 씨와 이야기하고 싶어요.
Бат	Тэгвэл Инжү чамтай түр ярилцах гэсэн юм.

은주	네, 좋아요.
Инжү	Тэгье, болно оо.

 Шинэ үг

시간 цаг хугацаа	지금 одоо	몇 хэд	1시 1 цаг	30분 30 минут

쯤 орчим	잠깐 түр зуур	이야기하다 ярилцах

4. 날짜  Өдөр хоног

바트	오늘이 몇 월 몇 일이에요?
Бат	Өнөөдөр хэдэн сарын хэдний өдөр вэ?

은주	5 월 1 일이에요.
Инжү	5-н сарын 1-ний өдөр.

바트	무슨 요일이지요?
Бат	Ямар гариг билээ?

은주	금요일이에요.
Инжү	Баасан гариг.

바트	아, 그래요? 그럼 오늘 뭐 하세요?
Бат	Аа, Тийм үү? Тэгвэл өнөөдөр юу хийх вэ?

은주	글쎄요, 집에서 쉬고 싶어요.
Инжү	Харин ээ, гэртээ амармаар байна.

단어 Шинэ үг

5월 5 сар	1일 1-ний өдөр	무슨 ямар	요일 гараг

금요일 баасан

수 тоо

0 영 / 공 ноль, тэг   1 일 / 하나 нэг   2 이 / 둘 хоёр

3 삼 / 셋 гурав   4 사 / 넷 дөрөв   5 오 / 다섯 тав

6 육 / 여섯 зургаа   7 칠 / 일곱 долоо   8 팔 / 여덟 найм

9 구 / 아홉 ес   10 십 / 열 арав

11 십일 / 열하나 арван нэг   12 십이 / 열둘 арван хоёр

13 십삼 / 열셋 арван гурав   14 십사 / 열넷 арван дөрөв

15 십오 / 열다섯 арван тав   16 십육 / 열여섯 арван зургаа

17 십칠 / 열 일곱 арван долоо   18 십팔 / 열 여덟 арван найм

19 십구 / 열 아홉 арван ес   20 이십 / 스물 хорь

21 이십일 / 스물하나 хорин нэг

30 삼십 / 서른 гуч   40 사십 / 마흔 дөч   50 오십 / 쉰 тавь

60 육십 / 예순 жар   70 칠십 / 일흔 дал   80 팔십 / 여든 ная

90 구십 / 아흔 ер   100 백 зуу

1,000 천 мянга   10,000 만 арван мянга

월 сар

일(1)월 1 сар   이(2)월 2 сар   삼(3)월 3 сар

사(4)월 4 сар   오(5)월 5 сар   유(6)월 6 сар

칠(7)월 7 сар   팔(8)월 8 сар   구(9)월 9 сар

시(10)월 10 сар   십일(11)월 11 сар   십이(12)월 12 сар

일 өдөр, хоног

일(1)일 1 -ний өдөр   이(2)일 2 -ний өдөр   삼(3)일 3 -ний өдөр

사(4)일 4 -ний өдөр   오(5)일 5 -ний өдөр   육(6)일 6 -ний өдөр

칠(7)일 7 -ний өдөр   팔(8)일 8 -ний өдөр   구(9)일 9 -ний өдөр

십(10)일 10 -ний өдөр

요일 가리그

일요일 Ням   월요일 Даваа   화요일 Мягмар

수요일 Лхагва   목요일 Пүрэв   금요일 Баасан

토요일 Бямба

시 цаг

한 시 нэг цаг   두 시 хоёр цаг   세 시 гурван цаг

네 시 дөрвөн цаг   다섯 시 таван цаг   여섯 시 зургаан цаг

일곱 시 долоон цаг   여덟 시 найман цаг   아홉 시 есөн цаг

열 시 арван цаг   열한 시 арван нэгэн цаг   열두 시 арван хоёр цаг

분 минут

일 분 нэг минут   이 분 хоёр минут   삼 분 гурван минут

사 분 дөрвөн минут   오 분 таван минут

교통수단과 길 찾기
Тээврийн хэрэгсэл ба зам хайх

1. 길 찾기 Зам хайх  62

바트 실례합니다. 길 좀 묻겠습니다.
Бат Уучлаарай. Зам асуух гэсэн юм.

여자 어딜 찾으세요?
Эмэгтэй Ямар газар хайж яваа юм?

바트 가까운 지하철역이 어디입니까?
Бат Ойрхон метроны буудал хаана вэ?

여자 시청역입니다.
Эмэгтэй Шичон буудал байгаа.

바트 시청역이 어디에 있습니까?
Бат Шичон буудал хаана байна вэ?

여자 길을 건너서 똑바로 가세요.
Эмэгтэй Зам хөндлөн гараад чигээрээ яваарай.

단어 Шинэ Үг

실례하다 уучлаарай	길 зам	묻다 асуух	어디 хаа/хаана/
찾다 хайх	가까운 ойрхон	지하철역 метроны буудал	
시청역 Шичон буудал	있다 байх	건너서 хөндлөн гараад	
똑바로 чигээрээ			

2. 지하철 타기 Метронд суух  63

바트	실례합니다. 여기 시청에서 명동까지 어떻게 가요?
Бат	Уучлаарай. Энэ Шичон буудлаас Мёндун хүртэл яаж явах вэ?

여자	지하철 2호선을 타세요.
Эмэгтэй	서울역에서 1호선으로 갈아타세요.
	2-р шугамын метронд суугаарай.
	Сөүл буудал дээр 1-р шугам руу сольж суугаарай.

바트	시간이 얼마나 걸릴까요?
Бат	Хэр хугацаа явах бол?

여자	15 분쯤 걸려요.
Эмэгтэй	15 минут орчим явна.

단어 ШИНЭ ҮГ

여기 энд	시청 Шичон	명동 Мёндун	어떻게 Яаж, хэрхэн
지하철 метро	호선 метроны шугам	타다 суух	서울역 Сөүл буудал
갈아타다 сольж суух	얼마나 хэр, хэд	걸리다 зарцуулах, орох	

3. 택시 타기 Таксинд суух  64

운전기사	어디로 가십니까?
Жолооч	Хаашаа явах вэ?

토야	명동으로 가 주세요. 얼마나 걸립니까?
Туяа	Мёндун руу явж өгнө үү. Хэр удаан явах вэ?

운전기사	30 분쯤 걸립니다.
Жолооч	30 минут орчим явна аа.

(잠시 후 Хэсэг хугацааны дараа)

운전기사	어디에 세워 드릴까요?
Жолооч	Хаана зогсох вэ?

토야	명동 입구에서 세워 주세요. 얼마입니까?
Туяа	Мёндуны үүдэнд зогсож өгнө үү. Хэд вэ?

운전기사	8,000 원입니다.
Жолооч	8,000 вон.

토야	여기 있습니다. 감사합니다.
Туяа	Энд байна. Баярлалаа.

운전기사	감사합니다. 안녕히 가십시오.
Жолооч	Баярлалаа. Сайн яваарай.

잠시 후 хэсэг хугацааны дараа	세우다 зогсох, зогсоох	입구 орц, үүд
얼마 хэр, хэд	원 вон	

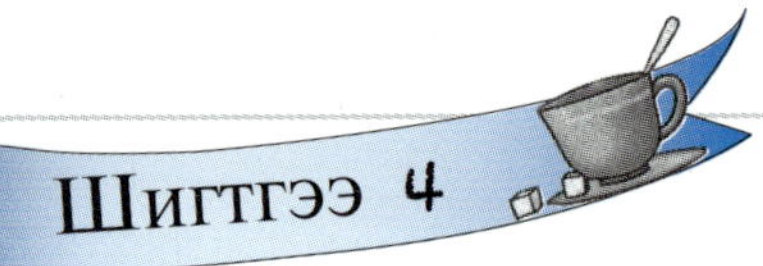

Сэжун их хаан яагаад ард түмэндээ хайртай байсан юм бэ? ❶

Сэжун их хаан бага наснаасаа "Дөрвөн судар", "Хүн ба байгалийн тэмцэл", "Ханз үсгийн утга ба бүтэц" зэрэг сонгодог судар бичгүүдийг сайтар судалсан агуу эрдэмтэн байжээ. Тэр ч утгаараа Сэжун их хаан хаант төрийн албаа зүй ёсоор гүйцэтгэсэн байна. "Биеэ засаад гэрээ зас, улсаа төвхнүүлж бүх дэлхийг амар амгалан болго" хэмээх үгнээс улс орноо захирч ард түмнээ амгалан тайван амьдрах нөхцлийг бүрдүүлэх нь түүний үүрэг болохыг Сэжун их хаан хамгаас сайн мэдэж байсан юм.

15-р зуунд Чусон хаант улсын үед хүн ам өсөж нийгэм тогтворжсон хэдий ч Сэжун их хаан боловсрол мэдлэггүй ард түмнийг удирдах ямар хэцүү болохыг ухаарч, ард түмнээ гэгээрүүлэх бодлого нэн шаардлагатай болохыг мэдэрсэн байна. Өөрөөр хэлбэл харанхуй ард түмэнтэй байх нь түүний хаант төрөө удирдах боломжыг хааж байлаа.

Сэжун их хаан хаан болмогцоо юун түрүүн улс орныхоо эдийн засгийн асуудлыг голчилж ард түмний ахуй амьдралд газар тариалан хамгийн чухал болохыг ухаарч газар тариалан зөв зохистой эрхлэх тухай судар бичиг эмхлэн гаргасан байна.

Түүгээр зогсохгүй хур тунадасны хэмжээ заагч, салхины чиг заагч, тооны хүрд, нарны цаг, усны цаг зэргийг зохион бүтээж нэвтрүүлсэн бөгөөд газар тариаланд зориулж тэнгэрийн ододын байрлалыг судалж тухайн үеийн шилдэг одон орон судлаач болсон байна. Мөн түүнчлэн улс орныхоо батлан хамгаалах асуудалд анхаарч Хятан аймгийн довтолгоог таслан зогсоож, Тэмаду арлыг эзэлсэнээр японы далайн дээрэмчдээс татвар авдаг болсон байна.

1. 식당에 들어가기 Хоолны газар орох  65

| 직원 | 어서 오십시오. 몇 분이세요? |
| Үйлчлэгч | Тавтай морил. Хэдүүлээ вэ? |

| 토야 | 두 명입니다. |
| Туяа | Хоёулаа. |

| 직원 | 이쪽으로 앉으세요. |
| Үйлчлэгч | Ийшээ суугаарай. |

단어 Шинэ үг

식당 хоолны газар   들어가다 орох   분 хүн/хүндэтгэсэн ширхэглэсэн нэр/

두 명 хоёр хүн   이쪽 ийшээ   앉다 суух

2. 메뉴 고르기 Цэс сонгох

토야	이 식당에서는 무슨 음식이 맛있어요?
Туяа	Энэ хоолны газрын ямар хоол нь амттай вэ?

민수	비빔밥이 맛있어요. 하지만 조금 매워요.
Минсү	Бибимбаб нь амттай. Гэхдээ жаахан халуун.

토야	불고기는 어때요?
Туяа	Бүлгуги/шарсан мах/нь ямар вэ?

민수	불고기도 맛있어요. 그리고 맵지 않아요.
Минсү	Бүлгуги нь ч бас амттай. Бас халуун биш.

토야	저는 불고기를 먹고 싶어요.
Туяа	Би бүлгуги идмээр байна.

민수	그럼, 저는 비빔밥을 먹을게요.
Минсү	Тэгвэл би бибимбаб идлээ.

 Шинэ үг

메뉴 цэс	고르다 сонгох	음식 хоол	맛있다 амттай
비빔밥 бибимбаб	하지만 гэхдээ, гэвч		조금 бага зэрэг, жаахан
맵다 халуун	불고기 шарсан мах		그리고 тэгээд, бас

3. 음식 주문하기 Хоол захиалах  67

민수	여기요.
Мɪнсү	Зөөгчөө.

직원	네, 뭘 드릴까요?
Үйлчлэгч	Та, юу захиалах вэ?

민수	저는 불고기 주세요.
Мɪнсү	Надад бүлгуги өгнө үү.

토야	저는 비빔밥을 시킬게요.
Туяа	Би бибимбаб захиалья.

직원	네, 알았습니다. 잠시만 기다리세요.
Үйлчлэгч	За, ойлголоо. Түр хүлээгээрэй.

 Шинэ үг

뭐 юу	드리다 өгөх/хүндэтгэл/	주다 өгөх	시키다 захиалах

기다리다 хүлээх

식사 хоол

아침식사 өглөөний хоол 점심식사 өдрийн хоол 저녁식사 оройн хоол
밥 хоол, агшаасан будаа 국 шөл 반찬 хачир

육류 махан төрөл

소고기 үхрийн мах 돼지고기 гахайн мах
닭고기 тахиан мах 양고기 хонины мах

생선류 загасны төрөл

조개 хясаа 갈치 галчи, жараахай
오징어 арваалж 낙지 наймаалжны төрлийн амьтан
새우 сам хорхой 동태 нөөшний загас
참치 'Туна' загас 고등어 амар загас

야채 хүнсний ногоо

양배추 бөөрөнхий байцаа 배추 байцаа/хятад байцаа/
무 цагаан манжин 호박 хулуу 당근 лууван
양파 бөөрөнхий сонгино 오이 өргөст хэмх 마늘 сармис
피망 амтат чинжүү 시금치 бууцай, өргөст ногоо
토마토 улаан лооль

양념 амтлагч

기름 тос 후추 хар чинжүү 식초 цагаан цуу
소금 давс 설탕 элсэн чихэр
고추장 улаан чинжүүний жан 간장 бор цуу
된장 шар буурцагны жан 고춧가루 нунтаг халуун чинжүү

1. 전화 걸기 Утсаар залгах

69

바트	여보세요, 은주 씨 핸드폰 맞나요?
Бат	Байна уу, Инжүгийн гар утас мөн үү?
은주	네, 맞는데요. 누구세요?
Инжү	Тийм ээ, мөн байна. Хэн бэ?
바트	안녕하세요? 저 바트예요.
Бат	Сайн байна уу? Би Бат байна.
은주	네, 안녕하세요? 바트 씨. 무슨 일이에요?
Инжү	За, Сайн байна уу? Бат аа. Ямар хэрэг гарав?
바트	좀 만나고 싶어서 전화 드렸어요.
Бат	Уулзах хэрэг гараад утасдсан юм.

단어 Шинэ үг

전화 утас	걸다 залгах	핸드폰 гар утас	맞다 таарах, зөв, мөн
누구 хэн	일 ажил	좀 жаахан, бага зэрэг	

2. 전화를 잘못 걸었을 때 Дугаар андуурч залгасан үед

| 토야 | 여보세요? 거기 한국대학교 맞지요? |
| Туяа | Байна уу? Энэ Хангүг/Солонгос/их сургууль мөн үү? |

| 남자 | 아니요. 잘못 거셨습니다. |
| Эрэгтэй | Үгүй ээ. Буруу залгасан байна. |

| 토야 | 저, 죄송한데 940-1234 번 아닌가요? |
| Туяа | Өө, уучлаарай энэ 940-1234 дугаар биш үү? |

| 남자 | 여기는 940-1235 번입니다. |
| Эрэгтэй | Энэ 940-1235 дугаар байна. |

| 토야 | 네, 알겠습니다. 죄송합니다. |
| Туяа | За, ойлголоо. Уучлаарай. |

단어 Шинэ үг

| 거기 тэр /харагдахгүй газар энэ/ | 대학교 их сургууль | 잘못 буруу |
| 번 дугаар | | |

3. 전화로 음식 배달 시키기 Утсаар дуудлагын хоол захиалах 

바트	여보세요, 거기 중국집이지요?
Бат	Байна уу, энэ Хятад хоолны газар мөн үү?

직원	네, 그런데요.
Ажилтан	Тиймээ, мөн байна.

바트	여기 자장면 하나하고 탕수육 하나 배달해 주세요.
Бат	Энд жажанмён нэг, тансүюуг нэгийг хүргээд өгөөч.

직원	주소가 어디십니까?
Ажилтан	Хаяг хаана вэ?

바트	한국고시원 503 호입니다.
Бат	'Хангүг' оюутны байр 503 тоот.

직원	전화번호는 몇 번입니까?
Ажилтан	Утасны дугаар хэд вэ?

바트	010-9400-1234 입니다.
Бат	010-9400-1234.

직원	네, 곧 배달해 드리겠습니다. 감사합니다.
Ажилтан	За, удахгүй хүргээд өгнө өө. Баярлалаа.

메뉴
자장면 – 4,000원
짬 뽕 – 4,500원
간짜장 – 5,000원
탕수육 – 1,2000원

단어 Шинэ үг

배달 хүргэж өгөх	중국집 хятад хоолны газар
자장면 жажанмён/Жантай гоймон/	하나 нэг 탕수육 Тансүюуг
배달하다 хүргэж өгөх	주소 хаяг 고시원 шалгалтын танхим
호 дугаар, тоот	전화번호 утасны дугаар 곧 удахгүй

Сэжун их хаан яагаад ард түмэндээ хайртай байсан юм бэ? ❷

Нөгөөтэйгүүр Сэжун их хаан ард түмний амар амгалан байдлын төлөө хөгжмийн урлагыг чухалчилж Тан улсын хөгжим болон Хааны ордны хөгжмийг харьцуулан судалж хөгжмийн зэмсэг шинээр бүтээсэн байна. Ингэхдээ Сэжун их хаан Хятад болон Чусон улсын хөгжмийн урлагын ялгааг олж хараад зогсохгүй Хятад хөгжмийн зэмсэг нь Хятадаас гаралтай чулуу, хулс модыг ашиглах, Чусон улсын хөгжмийн зэмсэг нь Чусоны улсын чулуу, хулс модыг ашиглан хийх хэрэгтэй гэдгийг онцолж байсан байна.

Өдгөө дэлхийд хөгжмийн нот Өндөр-нам, Урт-богино гэсэн хоёр янз байдаг бөгөөд Сэжун их хаан Урт-богино нотыг ашиглан олон дуу болон ая зохиосон байна.

Цаг уурын өөрчлөлтөөр салхины чимээ өөр сонсогдох, салхины дуу чимээ өөрчлөгдвөл хүний хэл яриа өөр болдгийг тэрээр сайтар анзаарч үүнээс улбаалан Хятад болон Чусон улсын хэл өөр хоорондоо ялгаатай болох учир шалтгааныг ойлгосон байна.

Энэ бүхнээс улбаалж Сэжун их хаан ард түмэндээ зориулж "Ардыг гэгээрүүлэх Зөв дуудлага" буюу "Хүн Мин Жон Ым"-ийг зохион бүтээсэн ба Сэжун их хааныг хаант төрөө удирдахдаа дэлхийн ямар ч хаанаас илүү ард түмэндээ хайртай байсан гэж үздэг байна.

1. 슈퍼에서 Дэлгүүрт  72

점원	어서 오세요.
Худалдагч	Тавтай морилно уу.

바트	이 우유 얼마예요?
Бат	Энэ сүү хэд вэ?

점원	한 개에 2,000 원이에요.
Худалдагч	Нэг ширхэг нь 2,000 вон.

바트	우유 두 개 주세요.
Бат	Сүү хоёрыг өгнө үү.

점원	4,000 원입니다.
Худалдагч	4,000 вон.

단어 Шинэ үг

슈퍼 дэлгүүр	점원 худалдагч	이 энэ	우유 сүү	한 개 нэг ширхэг

2. 시장에서 Зах дээр  73

주인	어서 오세요.
Эзэн	Тавтай морил.

토야	이 운동화 얼마예요?
Туяа	Энэ пүүз хэд вэ?

주인	35,000 원입니다. 한번 신어 보세요.
Эзэн	35,000 вон. өмсөж үзэж болно.

토야	좀 작아요. 한 사이즈 더 큰 거 주세요.
Туяа	Бага зэрэг жижиг юм. Нэг размер томыг өгнө үү.

주인	잠시만 기다리세요. 여기 있습니다.
Эзэн	Түр хүлээгээрэй. Энэ байна.

토야	네, 잘 맞아요. 그런데 좀 비싸네요. 깎아 주세요.
Туяа	Өө, сайн таарч байна. Гэхдээ жаахан үнэтэй юм. Хямдруулж өгөөч.

주인	그럼 33,000 원 주십시오.
Эзэн	Тэгвэл 33,000 воноор өгье.

 Шинэ үг

시장 зах	운동화 пүүз	한번 нэг удаа	신다 өмсөх/гутал, оймс/
작다 жижиг	사이즈 размер, хэмжээ	큰 том	그런데 гэхдээ
싸다 үнэтэй	깎다 хасах, бууруулах		

한국의 돈 Солонгос мөнгө

십(10)원 | 오십(50)원 | 백(100)원 | 오백(500)원
10-тын вон | 50-тын вон | 100- тын вон | 500-тын вон

천(1,000)원 | 오천(5,000)원
1,000-тын вон | 5,000-тын вон

만(10,000)원 | 5 만(50,000)원
10,000-тын вон | 50,000-тын вон

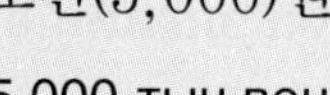

Хангыл буюу "Хүн Мин Жон Ым"-ийг анхлан бүтээхэд юу хамгийн гол түлхэц болсон бэ?

"Хүн Мин Жон Ым"-ийг анхлан зохиоход гол түлхэц болсон зүйлсийн талаар Оршил хэсэгт дурдахдаа "Улс орны эх хэл Хятад хэлнээс өөр тул 'Ханз' үсгийг хэрэглэхэд бэрхшээлтэй байсан ба улмаар бичиг үсэгт тайлагдаагүй ард түмэнд үг хэлээ ололцон ярихад тухайн үг жинхэнэ утгаа илэрхийлж чадахгүй явдал байнга гарч байна. Үүнд миний сэтгэл маш ихээр харамсаж шинээр 28 үсэг зохион бүтээлээ. Энэхүү бичиг үсгийг хүн бүр амархан сурч, өдөр тутам хэрэглэж амар түвшин болтугай" гэж тэмдэглэгдсэн байна.

Энэ бүхнээс хаан улс орноо захирахад үүсч буй хүндрэлийн нэг бичиг үсэггүй ард түмнийг багасгахын тулд чармайн зүтгэж энэ нь түүний амар тайван ертөнцийг бий болгох үндсэн зорилго байсан гэдэг нь харагдаж байна. Тухайн үед нийгмийн дээд давхаргын цөөн хэдхэн хүмүүс л 'Ханз' үсгийг мэддэг байсан ба энгийн ардууд бичиг үсэгт огт тайлагдаагүй байсан тул Сэжун их хаан сурахад бэрх хэцүү 'Ханз' үсгийн оронд амархан сурч болох шинэ бичиг үсэгтэй болох нь нэн чухал гэдгийг ойлгож байжээ.

Тухайн үед Хятад, Энэтхэг, Монгол, Япон, Уйгар зэрэг улс орнууд бүгд өөрийн гэсэн бичиг үсэгтэй байсан ба Чусон улс л Хятадын 'Ханз' үсгийг хэрэглэж байсан байна. Тиймээс Сэжун их хаан 1-рт, Тусгаарлах үндэсний үзэлд суурилж.2-рт, Ард түмнээ хайрлан захирах үзлээр.3-рт, Бодит хэрэгцээг сайтар ухамсарлан сурахад маш амар бичиг үсэг зохион ард түмэндээ дэлгэрүүлэх 4-рт, Уран сэтгэх чадвараа дээд зэргээр ашиглан шинжлэх ухааны үндэслэлт шилдэг бүтэцтэй "Хүн Мин Жон Ым"-ийг биечлэн бүтээсэн байна.

병원과 약국 Эмнэлэг болон Эмийн сан

1. 아플 때 Өвдөх үед  75

민수　토야 씨 어디가 아프세요?
Минсү　Туяа, хаана чинь өвдөж байна?

토야　네, 아침부터 열이 나고 머리가 아파요.
Туяа　감기에 걸린 것 같아요.
Өглөөнөөс хойш халуураад толгой өвдөөд.
Ханиад хүрсэн юм шиг байна.

민수　병원에 가 보셨어요?
Минсү　Эмнэлэгт очсон уу?

토야　아니요, 그래서 오늘은 일찍 퇴근해야 할 것 같아요.
Туяа　Үгүй ээ, өнөөдөр харин ажлаа эрт тараад гэртээ харидаг юм билүү дээ.

민수　어서 병원에 가 보세요.
Минсү　Алив, хурдан эмнэлэг явж үзүүлээрэй.

토야　죄송해요. 그럼, 먼저 들어갈게요.
Туяа　Уучлаарай. Тэгвэл түрүүлээд гэртээ харья да.

병 өвчин	아프다 өвдөх	열이 나다 халуурах	머리 толгой
병원 эмнэлэг	감기에 걸리다 ханиад хүрэх	그래서 тиймээс	
일찍 эрт	퇴근하다 ажлаа дуусгах	먼저 эхлээд	

2. 병원에서 Эмнэлэг дээр  76

의사 어디가 아프세요?
Эмч Хаана чинь өвдөж байна?

토야 감기에 걸린 것 같아요. 열이 나고 머리가 아파요.
Туяа 콧물도 나고요.
Ханиад хүрсэн юм шиг байна. Халуураад толгой өвдөөд.
Нус ч гараад байна.

의사 언제부터 그랬어요?
Эмч Хэзээнээс тэгсэн бэ?

토야 오늘 아침부터 그랬어요.
Туяа Өнөө өглөөнөөс эхлэн тэгсэн.

의사 네, 그럼 감기약을 처방해 드리겠습니다.
Эмч 이틀 후에 다시 오세요.
За, тэгвэл ханиадны эм бичиж өгье.
Хоёр хоногийн дараа дахиад ирээрэй.

토야 감사합니다. 안녕히 계세요.
Туяа Баярлалаа. баяртай.

단어 Шинэ Үг

콧물이 나다 нус гоожих	언제 хэзээ	아침 өглөө
감기약 ханиадны эм	처방하다 эм бичиж өгөх	이틀 хоёр хоног
후 дараа	다시 дахиад	

3. 약국에서 Эмийн санд  77

| 약사 | 어서 오세요. 뭘 도와드릴까요? |
| Эмийн санч | Тавтай морил. Юугаар туслах уу? |

약사
Эмийн санч

어서 오세요. 뭘 도와드릴까요?
Тавтай морил. Юугаар туслах уу?

토야
Туяа

감기에 걸린 것 같아요. 열이 나고 머리가 아파요.
콧물도 나고요.
Ханиад хүрсэн юм шиг байна. Халуураад толгой өвдөөд байна.
Нус ч гоожоод байна.

약사
Эмийн санч

감기에 걸린 것 같네요. 그럼, 감기약을 드릴게요.
Ханиад хүрчихсэн юм шиг байна. Тэгвэл, ханиадны эм өгье.

토야
Туяа

네.
За.

약사
Эмийн санч

이 약은 3 일 동안 하루에 3 번 식후에 드세요.
Энэ эмийг өдөрт 3 удаа хоолны дараа 3 өдөр уугаарай.

토야
Туяа

얼마예요?
Хэд вэ?

약사
Эмийн санч

5,000 원입니다.
5,000 вон болж байна.

Шинэ үг

| 약국 Эмийн сан | 3 일 3 өдөр | 동안 турш | 하루 1 хоног |
| 3 번 3 удаа | 식후 хоолны дараа | 들다 уух, идэх | |

증상 шинж тэмдэг

감기에 걸렸어요 ханиад хүрсэн

어지러워요 дотор муухайрах

임신 중이에요 Жирэмсэн

변비가 있어요 өтгөн хатаад байгаа

맞았어요 цохиулсан

피가 나요 цус гарч байна

부었어요 хавдсан

콧물이 나요 нус гоожиж байна

설사를 해요 доошоо суулгаж байна

토해요 бөөлжиж байна

베였어요 зүсчихсэн

다쳤어요 гэмтсэн

화상을 입었어요 түлэгдсэн

부러졌어요 Хугарчихсан

기침이 나요 ханиаж байна

병원 Эмнэлэг

내과 дотрын тасаг

소아과 хүүхдийн тасаг

정신과 мэдрэлийн тасаг

비뇨기과 давсаг, бөөрны тасаг

안과 нүдний тасаг

정형외과 мэдрэл, нугасны тасаг

성형외과 гоо заслын тасаг

외과 гэмтлийн тасаг

치과 шүдний тасаг

산부인과 эмэгтэйчүүдийн тасаг

이비인후과 чих, хамар, хоолойн тасаг

피부과 эрүү нүүр харшлын тасаг

신체 бие эрхтэн

머리 толгой

눈썹 хөмсөг

혀 хэл

어깨 мөр

팔 гар/мөрнөөс бугуй хүртэл/

손가락 хуруу

배 гэдэс

다리 хөл/гуянаас шагай хүртэл/

발 хөл/шагайнаа тавхай хүртэл/

이마 дух

코 хамар

이 шүд

귀 чих

볼 хацар

턱 эрүү

가슴 цээж

손 гар/бугуйнаас сарвуу хүртэл/

허리 бэлхүүс

등 нуруу

무릎 өвдөг

발가락 хөлийн хуруу

눈 нүд

입 ам

목 хүзүү

화상약 түлэгдэлтэнд уудаг эм 감기약 ханиаданд уудаг эм

변비약 өтгөн хаталтанд уудаг эм 기침약 ханиалганд уудаг эм

설사약 суулгахад уудаг эм 두통약 толгойн эм

불면증약 нойргүйдэлд уудаг эм 멀미약 дотор муухайрахад уудаг эм

치통약 шүд өвдөхөд уудаг эм 배탈약 гүйлгэхэд уудаг эм

제산제 ходоодний хүчил ихдэхэд уудаг эм

소독약 ариутгалын бодис 아스피린 аспирин

진통제 өвчин намдаах эм 붕대 боолт

약솜 ариутгасан хөвөн 반창고 шархны лент

밴드 шархны лент 연고 тосон түрхлэг

안약 нүдний 비타민 витамин

알코올 спирт

Хангыл үсэг яагаад дэлхийн хамгийн шилдэг бичиг үсэг вэ?

Хангыл үсгийн давуу тал олон боловч тэр дундаас шинжлэх ухаан болон гүн ухааны үзэлд баттай суурилсан хэл зүйн бүтцээрээ хэл шинжлэлийн ухаанд хамгийн амархан бичиг үсэгт зүй ёсоор ордог юм.

Бичиг үсгийн хөгжлийн түүхэнд Авиат бичиг үсгээс хамгийн шилдэг нь Ром болон Хангыл бөгөөд Авиалбар бичиг үсэг дундаас хамгийн шилдэг нь Хангыл үсэг юм.

Хангыл үсэг нь нэг гийгүүлэгч~нэг авиа, нэг авиа~нэг гийгүүлэгч үсэг гэсэн зарчмыг баримталдаг тул орчин үеийн мэдээлэл технологийн дуу авиа таних системд ч мөн хамгийн шилдэг нь юм. Түүнчлэн компьютерт шууд дуу авиаг таниулахад хамгийн тохиромжтой бичиг үсэг гэж үнэлэгддэг.

Тухайлбал Авиалбар бичиг үсэг болох Англи хэл нь авиа таниулах тал дээр нилээн дутмаг юм. Жишээ нь "A" гэдэг үсгийн дуудлага нь [ei], [ə], [ɛ], [a], [ɑ], [ʌ] зэрэг дэндүү олон өөр өөр дуудагддаг учир яаж унших нь тодорхойгүй байдаг. Тэр ч үүднээс Англи хэлэнд тухайн үгийн хажууд дуудлагыг давхар тэмдэглэж байж зөв уншиж болдог. Жишээ нь "Knife" гэдэг үгийг [naif] гэж уншдаг боловч, [naif] гэдэг дуудлагын үндсэн үг болох "Knife" болгон сэргээх явц бараг боломжгүй тул энэ нь дуу авиаг таниулах явцад ихээхэн хүндрэлтэй байдаг.

학교 생활 Сургуулийн амьдрал

1. 입학 상담 Элсэлтийн зөвлөгөө

 79

토야 한국 대학교에 입학하고 싶은데 어떻게 해야 해요?
Туяа Солонгосын дээд сургуульд ормоор байна. Ямар бэлтгэл хэрэгтэй вэ?

선생님 먼저 입학 원서를 접수하고 입학시험을 봐야 해요.
Багш Эхлээд дээд сургуульд орох материалаа бүрдүүлж өгсний дараа элсэлтийн шалгалт өгөх ёстой.

토야 그것만 하면 돼요?
Туяа Тэгээд л болоо юу?

선생님 학교마다 다른데, 고등학교 성적표와 자기 소개서도 필요해요.
Багш 면접시험도 봐야 하고요. 그런데 전공은 결정했나요?
Сургууль бүр өөр өөр л дөө, ахлах сургуулийн дүнгийн хуулбар болон хувийн намтар ч мөн хэрэгтэй.
Бас ярилцлагын шалгалт өгөх ёстой. Гэхдээ ямар мэргэжлээр сурахаа шийдсэн үү?

토야 　네, 전 경영에 관심이 있어서 경영학과에 가려고 해요.
Туяа 　Би удирдах ажилд сонирхолтой болохоор Менежментийн сургуульд орох
　　　　бодолтой байгаа.

선생님 　그럼 면접 때에는 전공에 관한 기본적인 지식도 필요하니까 알아두도록 하세요.
Багш 　Тэгвэл ярилцлагын шалгалтын үеэр мэргэжлийн тухай үндсэн мэдлэг
　　　　шаардлагатай тул бэлтгэлтэй орох хэрэгтэй юм байна.

토야 　그밖에 준비할 것은 없나요?
Туяа 　Өөр нэмж бэлдэх зүйл байгаа юу?

선생님 　아, 토야 씨는 외국인이라서 한국어 시험도 봐야 해요.
Багш 　Аан тийм, Туяа Солонгос хэлний шалгалт бас өгөх хэрэгтэй.

입학하다 элсэн орох	먼저 эхлээд, юун түрүүн	원서 анкет
접수하다 бүрдүүлж өгөх	시험을 보다 шалгалт өгөх	
다르다 өөр өөр, ялгаатай	고등학교 ахлах сургууль	
성적표 дүнгийн хуулбар	자기 소개서 хувийн намтар	면접 ярилцлага
전공 мэргэжил	경영 менежмент	경영학과 менежментийн анги
기본적인 үндсэн, суурь	지식 мэдлэг	

2. 신입생 환영회 Шинэ оюутны хүлээн авалт 

민수 이번 금요일에 신입생 환영회가 있는데 올 수 있지요?
Минсү Энэ Баасан гаригт шинэ оюутны хүлээн авалттай, ирж чадах уу?

토야 몇 시에 시작하지요?
Туяа Хэдэн цагт эхлэх юм бол?

민수 3 시에 오리엔테이션이 있어요.
Минсү 오리엔테이션이 끝나고 환영회를 하니까 5 시까지 오세요.
3 цагт танилцах уулзалт байгаа.
Танилцах уулзалт дууссаны дараа хүлээн авалттай тул 5 цаг гэхэд ирээрэй.

토야 네, 알겠어요. 그럼 3 시까지 갈게요.
Туяа За мэдлээ. Тэгвэл 3 цаг гэхэд очино оо.

민수 그리고 뒤풀이로 노래방에 갈 거니까 노래도 한 곡 준비해 오고요.
Минсү Мөн дараа нь караоке явах тул дуулах дуугаа бас заавал бэлтгэж ирээрэй.

3. 동아리 Дугуйлан  81

민수   토야 씨는 어떤 동아리에 들 거예요?
Минсү   Туяа ямар дугуйланд орох гэж байна?

토야   아직 못 정했어요. 어떤 동아리가 좋을까요?
Туяа   Арай л шийдээгүй байна. Ямар дугуйлан нь зүгээр вэ?

민수   토야 씨는 한국 문화에 관심이 있으니까 탈춤반이나 전통 음악반이 어때요?
Минсү   Чи Солонгосын соёлд сонирхолтой болохоор Багт бүжиг юмуу үндэсний хөгжмийн дугуйлан ямар вэ?

토야   글쎄요, 지난 번에 동아리 소개를 들었는데도 아직 결정하지 못하겠어요.
Туяа   Харин ээ, өмнө нь дугуйлангийн танилцуулга сонссон боловч арай л шийдэж чадаагүй байна.

민수   그럼 학교 홈페이지에 들어가서 동아리 소개를 한번 찾아 보세요. 사진하고 동영상도 있어요.
Минсү   Тэгвэл сургуулийн вэбсайт руу ороод дугуйлангуудын танилцуулга олж уншаарай. Фото зураг болон дүрс бичлэг ч байгаа байх.

토야   아, 맞아요. 그럼 되겠네요. 고마워요.
Туяа   Аан зөв, нээрээ тэгж болох нээ. Баярлалаа.

단어 Шинэ үг

동아리 дугуйлан	들다 орох	정하다 тогтох, шийдэх	문화 өв соёл
탈춤반 багт бүжиг	전통 음악반 үндэсний хөгжим		아직 арай, хараахан
학교 сургууль	홈페이지 вэб сайт	들어가다 орох	사진 фото зураг
동영상 дүрс бичлэг	맞다 зөв, таарч байна		

서울 소재 주요 대학교 Сөүл хотод байрлалтай их дээд сургуулиуд

서울대학교 Сөүлийн их сургууль

연세대학교 Ёнсэй их сургууль

국민대학교 Гүгмин их сургууль

동국대학교 Донгүг их сургууль

한국외국어대학교 Хангүг Гадаад Хэлний дээд сургууль

이화여자대학교 И Хва эмэгтэйчүүдийн их сургууль

동덕여자대학교 Дунгдок эмэгтэйчүүдийн их сургууль

성신여자대학교 Соншинь эмэгтэйчүүдийн их сургууль

성균관대학교 Сонгюнь Гуан их сургууль

중앙대학교 Жунг Ан их сургууль

서강대학교 Соган их сургууль

경희대학교 Гёнхви их сургууль

고려대학교 Корё их сургууль

건국대학교 Гоньгүг их сургууль

상명대학교 Сангмён их сургууль

한양대학교 Ханянг их сургууль

광운대학교 Гуан-үнь их сургууль

세종대학교 Сэжунг дээд сургууль

주요 학과 Голлох мэргэшил

경영학과 Менежмент судлал

국어국문학과 Хэл, уран зохиол судлал

영어영문학과 Англи хэл, утга зохиол судлал

생명공학과 Био-технолог судлал

정치외교학과 Улс төр, гадаад харилцаа судлал

경제학과 Эдийн засаг судлал

화학과 Физик судлал

의학과 Анагаах судлал

교육학과 Боловсрол судлал

음악학과 Хөгжим судлал

실용디자인학과 Хэрэглээний дизайн судлал

의상디자인학과 Хувцасны загвар зохион бүтээх судлал

서양미술학과 Өрнө дахины соёл судлал

동양미술학과 Дорно дахины соёл судлал

수학과 Тооны ухаан судлал

건축학과 Барилга архиктур судлал

간호학과 Сувилахуйн ухаан судлал

성악과 Дуулаач судлал

Хангыл үсэг яагаад дэлхийн хамгийн шилдэг бичиг үсэг вэ?

Дэлхий дээр гар утсаар мессэж хамгийн хурдан бичдэг хүмүүс бол Солонгос хүүхдүүд бөгөөд энэ нь Хангыл үсэг шинжлэх ухааны үндэслэлт шинжийг хадгалсан болох нь харагддаг.

АНУ-ын Калифорнийн их сургуулийн Жерард Дайамонд багш "Хангыл бол дэлхийн шилдэг бичиг үсэг бөгөөд тиймээс ч Өмнөд, Хойд Солонгос улсад бичиг үсэгт тайлагдаагүй хүний тоо дэлхийд хамгийн бага улс орон гэж онцолж хэлсэн нь "Дисковери" танин мэдэхүйн шинжлэх ухааны сэтгүүлд 1998 оны 6 сард нийтлэгдсэн юм. Мөн Германы Хамбургийн их сургуулийн профессор Сассе багш 15-р зууны 'Солонгос Авиа зүй' судлалыг гайхан биширч, Хангыл үсэг бүтсэн зарчим, түүний бүтэц, шинжлэх ухааны үндэслэлт шинж чанарт дээд зэргийн үнэлгээ өгсөн юм. Түүнчлэн АНУ-ын Харвардын их сургуулийн профессор Райшао багш "Хангыл үсэг нь өнөөдөр дэлхий дахинаа хамгийн шинжлэх ухааны бүтэцтэй системт бичиг үсэг" гэсэн бөгөөд Нидерландын Райсэн их сургуулийн профессор Фос багш "Дэлхийн хамгийн сайн цагаан толгойн нээлт" гэж хэлсэн байна. Мөн Японы Ёотэк их сургуулийн захирал Үмэда Хироюги багш Хангыл үсгийн шинжлэх ухааны үндэслэлт шилдэг чануудыг өндрөөр үнэлсэн юм.

Ийнхүү Сэжун их хаан ард түмнээ туйлын ихээр хайрлаж 21-р зууны мэдээллийн эрин зуунд хөл нийлсэн хамгийн шилдэг авиат бичиг үсэг болох "Хүн Мин Жон Ым"-ийг зохион Солонгос үндэстэн болон дэлхийн хүн төрөлхтөнд өргөн барьсан юм.

 # 아르바이트 Цагийн ажил

1. 아르바이트 구하기 Цагийн ажил хайх

바트	저, 아르바이트 할 사람을 구한다는 광고를 보고 왔는데요.
Бат	Би цагийн ажил хийх хүн хайж байна гэсэн зарын дагуу ирлээ.

주인	아, 그래요? 초보자가 하기는 힘든 일인데 경험은 있나요?
Эзэн	Аан, тийм үү? Анх хийж байгаа хүнд хэцүү ажил л даа. Урьд нь ажил хийж байсан Ямар нэг туршлагатай юу?

바트	네, 전에 이런 일을 한 적이 있어요.
Бат	Би өмнө нь ийм ажил хийж байсан.

주인	우리 가게는 밤 늦게까지 일할 수 있는 사람이 필요한데 괜찮겠어요?
Эзэн	Манай дэлгүүр шөнө орой болтол ажиллах хүн хэрэгтэй байгаа, зүгээр үү?

바트	네, 지금 휴학 중이라서 시간이 많아요. 그런데 조건을 자세히 알고 싶은데요.
Бат	Зүгээр ээ, би одоохондоо оюутны чөлөө авсан болохоор цаг хангалттай байгаа. Харин ямар болзлоор ажлуулахыг нарийн мэдмээр байна.

주인	시간 당 5천 원이고 일주일에 한 번씩 쉴 수 있어요.
Эзэн	일은 언제부터 시작할 수 있어요?
	Нэг цагийн хөлс 5000вон, долоо хоногт нэг амарч болно.
	Ажлаа хэзээнээс эхлэх боломжтой вэ?

바트 　내일부터라도 당장 시작할 수 있습니다.
Бат 　Маргаашнаас ч болов даруйхан эхэлж чадна.

주인 　좋아요. 그럼 내일부터 같이 일 하는 것으로 합시다.
Эзэн 　Сайн байна. Тэгвэл маргаашнаас эхлэн хамт ажиллахаар тогтоё.

바트 　감사합니다. 열심히 하겠습니다.
Бат 　Баярлалаа. Би хичээнгүй сайн ажиллах болно.

아르바이트 цагийн ажил	구하다 хайх, эрэх	광고 зар мэдээ
초보자 туршлагагүй хүн	힘든 хүнд хэцүү	경험 туршлага, ололт
가게 дэлгүүр	일하다 ажиллах	필요하다 хэрэгтэй	괜찮다 зүгээр
열심히 хичээнгүй, уйгагүй	같이 хамт	휴학 중 оюутны чөлөө
조건 нөхцөл, болзол	자세히 нарийн тодорхой	시간 당 цагийн хөлс
시작하다 эхлэх	당장 даруй, шууд	

2. 회식 Хамт олны хоол  84

주인	오늘 회식에 참석하지요?
Эзэн	Өнөөдөр ажилчдын хоолонд ирнэ биз дэ?

바트	그럼요. 잔뜩 기대하고 있는데요. 식사하고 나서 2차도 있어요?
Бат	Тэгэлгүй яахав, найдаж байгаа шүү. Хоолны дараа хоёр дахь хөтөлбөр байгаа юу?

주인	2차는 노래방에 갈까 하는데요.
Эзэн	Хоёр дахь хөтөлбөр нь караоке явдаг юм бил үү гэсэн бодол байгаа.

바트	어떻게 하지요? 저는 목이 쉬어서 노래는 못할 것 같은데요.
Бат	За байз, миний хоолой сөөгөөд дуу дуулж чадахгүй байх даа.

주인	그럼 2차는 간단하게 차나 마십시다.
Эзэн	Тэгвэл хоёр дахь хөтөлбөртөө хөнгөхөн хэлбэрээр цай ч болов ууцгааяа.

바트	네, 좋아요. 감사합니다.
Бат	За тэгье, баярлалаа.

단어 Шинэ үг

회식 Хамт олны хоол	참석하다 оролцох, байх	잔뜩 маш их
기대하다 найдах, итгэл тавих	2차 хоёр дахь хөтөлбөр	노래방 караоке
목이 쉬다 хоолой сөөх	노래 дуу	간단하게 хөнгөхөн хэлбэрээр
차 마시다 цай уух		

3. 부탁하기 Хүсэлт тавих 85

바트 사장님, 좀 드릴 말씀이 있는데요.
Бат Захирлаа, хэлэх зүйл байна.

주인 무슨 일인데요?
Эзэн Юун талаар?

바트 저, 죄송하지만 내일 좀 늦게 출근해도 될까요? 오전에 공항에 가야 해서요.
Бат Би маргааш ажилдаа бага зэрэг оройтож ирж болох уу? Үдээс өмнө
онгоцны буудал явах ёстой.

주인 누가 와요?
Эзэн Хэн нэгэн ирж байгаа юм уу?

바트 네, 몽골에서 친구가 온다고 하는데 한국에 처음 오는 거라서요.
Бат Тиймээ, Монголоос найз мань Солонгост анх удаа ирж байгаа юм.

주인 그래요? 몇 시쯤 올 수 있어요?
Эзэн Тийм үү, хэдэн цагт ажилдаа ирэх юм бэ?

바트 인천공항에 9 시 도착이라고 하니까 12 시까지는 올 수 있을 것 같아요.
Бат Инчон нисэх буудал дээр 9цагт онгоц буудна гэсэн болохоор 12 цаг гэхэд
ирж чадах юм шиг байна.

주인 알겠어요. 공항에 잘 다녀오세요.
Эзэн Ойлголоо, онгоцны буудал сайн яваад ирээрэй.

단어 Шинэ үг

부탁하다 хүсэлт гаргах 　　사장님 Захирал, эзэн

드리다 хэлэх /хүндэтгэлийн үг/ 　　말씀 үг хэл, яриа 　　출근 ажилдаа ирэх

처음 анх, эхний удаа 　　친구 найз 　　쯤 орчим 　　도착 хүрч ирэх

38-р хичээл. 서울 구경 Сөүл хотыг үзэх

1. 관광지 Аялалын маршрут  86

민수 서울은 처음이지요? 어디부터 가 볼까요?
Минсү Сөүлд анх ирж байгаа юу? Хаанаас нь эхэлж үзмээр байна?

토야 경복궁이 유명하다고 하던데 어떤 곳이에요?
Туяа Гёнбүк хааны ордон нь их алдартай гэж сонссон, ямар газар вэ?

민수 경복궁은 옛날의 왕이 살던 곳으로 아름다운 건물과 경치를 감상할 수 있어요.
Минсү Гёнбүк хааны ордон нь эрт цагт хаан амьдарч байсан газар болохоор тэнд
уран барилга болон үзэсгэлэнт байгалийг үзэж болно.

토야 그럼 제일 먼저 가 봐야겠네요.
Туяа 다음은 어디가 좋을까요?
Тэгвэл хамгийн түрүүнд очиж үзэх хэрэгтэй юм байна.
Дараа нь хаашаа явбал зүгээр вэ?

민수   인사동이 어떨까요? 거긴 한국 전통음식점, 찻집, 기념품점들이 많이 모여 있어서 외국인들이 많이 가는 곳이에요.

Минсү   Инсадун руу очвол ямар вэ? Солонгос үндэсний хоол, уламжлалт цайны газар, бэлэг дурсгалын зүйлс бүгд нэг дор байдаг болохоор олон гадаад хүмүүс очдог газар л даа.

토야   거기가 좋겠네요. 여행 기념으로 선물도 좀 사야 하거든요. 어서 가요.

Туяа   Тийшээ явья. Аялалын дурсгал болгож бэлэг ч бас худалдаж авах хэрэгтэй байгаа. Алив явцгаая.

단어 Шинэ үг

서울 Сөүл хот	경복궁 Гёнбүк хааны ордон	유명하다 алдартай
옛날 эрт цагт	왕 хаан	아름다운 үзэсглэнт
건물 барилга байгууламж		
경치 байгалийн үзэмж	감상하다 харж мэдрэх	제일 хамгийн
다음 дараа	인사동 Инсадун	전통음식점 үндэсний хоолны газар
찾집 Уламжлалт цайны газар	기념품점 Бэлэг дурсгалын дэлгүүр	
모여 있다 нэг дор байх, цугларах	외국인 гадаад хүн	
기념 선물 бэлэг дурсгалын зүйлс		

토야 배가 고픈데 뭘 먹으면 좋을까요? 한국음식은 뭐가 유명해요?
Туяа Гэдэс өлсөж байна, юу идвэл дээр вэ? Солонгос хоолноос ямар хоол алдартай вэ?

민수 그럼 날씨도 덥고 하니까 냉면이 어때요?
Минсү 맵지도 않고 시원해서 여름에 먹기 딱 좋아요.
Тэгвэл цаг агаар ч бөгчим байна, хүйтэн гоймон идвэл ямар вэ?
Халуун ногоон амтгүйн дээр хүйтэн мөстөй тул зуны цагт идэхэд яг тохирно.

토야 또 다른 음식은 뭐가 있어요?
Туяа Өөр ямар хоол байна?

민수 갈비도 괜찮아요. 가격이 좀 비싸기는 하지만 맵지 않고 맛도 좋아요.
Минсү 그래서 외국 관광객들이 즐겨 먹어요.
Кальби ч бас зүгээр. Бага зэрэг үнэтэй боловч хэт халуун ногоотой биш болохоор амт нь ч зүгээр.
Тийм болохоор гадны жуулчид их дуртай иддэг.

토야 그럼 지금은 냉면을 먹고 저녁엔 갈비를 먹어요.
Туяа Тэгвэл одоо хүйтэн гоймон идээд оройн хоолны үеэр кальби идье.

민수 그래요. 어서 먹으러 갑시다.
Минсү Тэгье, алив хооллохоор явцгаая.

🔖 **단어** Шинэ үг

배가 고프다 гэдэс өлсөх	날씨 цаг агаар	덥다 халуун, бөгчим
냉면 хүйтэн гоймон	시원하다 сэрүүхэн	여름 зун 갈비 кальби
괜찮다 зүгээр	외국 관광객 гадны жуулчин	즐겨 먹다 дуртай идэх

3. 쇼핑 Дэлгүүр хэсэх 

토야	여행 안내서에서 서울은 쇼핑의 천국이라던데 어디가 쇼핑하기 좋아요?
Туяа	Аялалын танилцуулга дээр Сөүл хотыг худалдааны диваажин гэж сонссон.
	Хаашаа явж дэлгүүр хэсэхэд тохиромжтой вэ?

민수	쇼핑은 뭐니뭐니해도 동대문 시장이 제일이에요.
Минсү	Дэлгүүр хэснэ гэвэл юун түрүүн Дундэмүн зах хамгийн дээр.

토야	그래요? 저도 가보고 싶어요. 어떤 곳이에요?
Туяа	Тийм үү? Би ч гэсэн очиж үзмээр байна. Ямар газар вэ?

민수	동대문 시장에는 값이 싸고 다양한 물건들이 많아요.
Минсү	그리고 특히 새벽시장이 유명해요.
	Дундэмүн зах дээр үнэ нь хямд олон янзын зүйлс их байдаг.
	Ялангуяа үүрийн зах нь их алдартай.

토야	어떻게 가면 돼요?
Туяа	Тэгвэл яаж очих вэ?

민수   지하철이 가기 편해요. 지하철 4 호선이나 1 호선을 타고 동대문역에서 내리면
돼요. 오늘 시간이 있는데 같이 갈까요?

Минсү   Метронд суугаад явбал их амархан. Метроны 4-р болон 1-р шугамын аль
нэгт суугаад Дундэмүн буудал дээр буувал болно. Өнөөдөр би завтай байгаа,
хамт явах уу?

토야   그럼 고맙지요.

Туяа   Тэгвэл ч бөөн баяр байна.

쇼핑 дэлгүүр хэсэх	여행 аялал	안내서 танилцуулга	천국 диваажин
쇼핑하다 дэлгүүр хэсэх	뭐니뭐니해도 ямар ч байсан		제일 хамгийн
다양한 төрөлжсөн	물건 эд зүйлс	많다 их	특히 ялангуяа
새벽시장 үүрийн зах	동대문역 Дунгдэмүн буудал	내리다 буух	같이 хамт

수 세기 Тоо тоолох

물건 эд бараа

한 개 1 ширхэг

두 개 2 ширхэг

세 개 3 ширхэг

네 개 4 ширхэг

다섯 개 5 ширхэг

여섯 개 6 ширхэг

일곱 개 7 ширхэг

여덟 개 8 ширхэг

아홉 개 9 ширхэг

열 개 10 ширхэг

신발 гутал

한 켤레 1 хос

옷 хувцас

한 벌 нэг ширхэг

꽃 цэцэг

한 송이 нэг ширхэг

맥주 / 커피 пиво/ кофе

한 잔 нэг аяга

종이 цаас

한 장 нэг ширхэг

자동차 авто машин

한 대 1 ширхэг

책 ном

한 권 1 ширхэг

사람 хүн

한 명(분) 1 хүн

동물 амьтан

한 마리
1 толгой/ширхэг/

식사 хоол

일 인분 1 хүний порц

이 인분 2 хүний порц

삼 인분 3 хүний порц

사 인분 4 хүний порц

오 인분 5 хүний порц

육 인분 6 хүний порц

칠 인분 7 хүний порц

팔 인분 8 хүний порц

구 인분 9 хүний порц

십 인분 10 хүний порц

Зөв хариу

p.13 1-р хичээл. Үндсэн эгшиг ❶
① ㅓ ② ㅏ ③ ㅡ ④ ㅣ ⑤ ㅗ ⑥ ㅜ

p.17 2-р хичээл. Үндсэн эгшиг ❷
① ㅠ ② ㅑ ③ ㅕ ④ ㅛ

Бататгах дасгал
p.19

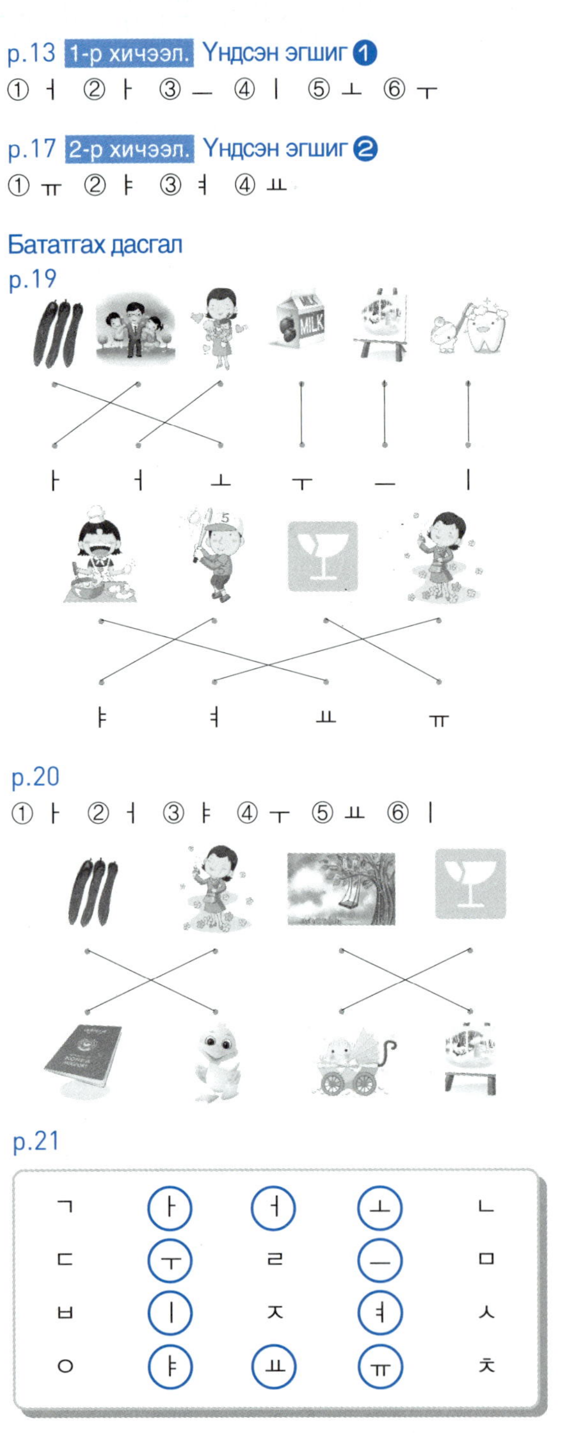

p.20
① ㅏ ② ㅓ ③ ㅑ ④ ㅜ ⑤ ㅛ ⑥ ㅣ

p.21

① ㅏ ㅣ ㅗ ② ㅗ ㅜ ㅏ ③ ㅕ ㅠ ④ ㅛ ㅑ

p.27 3-р хичээл. Бусад эгшиг ❶
① ㅚ ② ㅐ ③ ㅒ ④ ㅟ

p.31 4-р хичээл. Бусад эгшиг ❷
① ㅖ ② ㅘ ③ ㅐ ④ ㅝ

p.35 5-р хичээл. Бусад эгшиг ❸
① ㅢ ② ㅙ ③ ㅞ

Бататгах дасгал
p.37

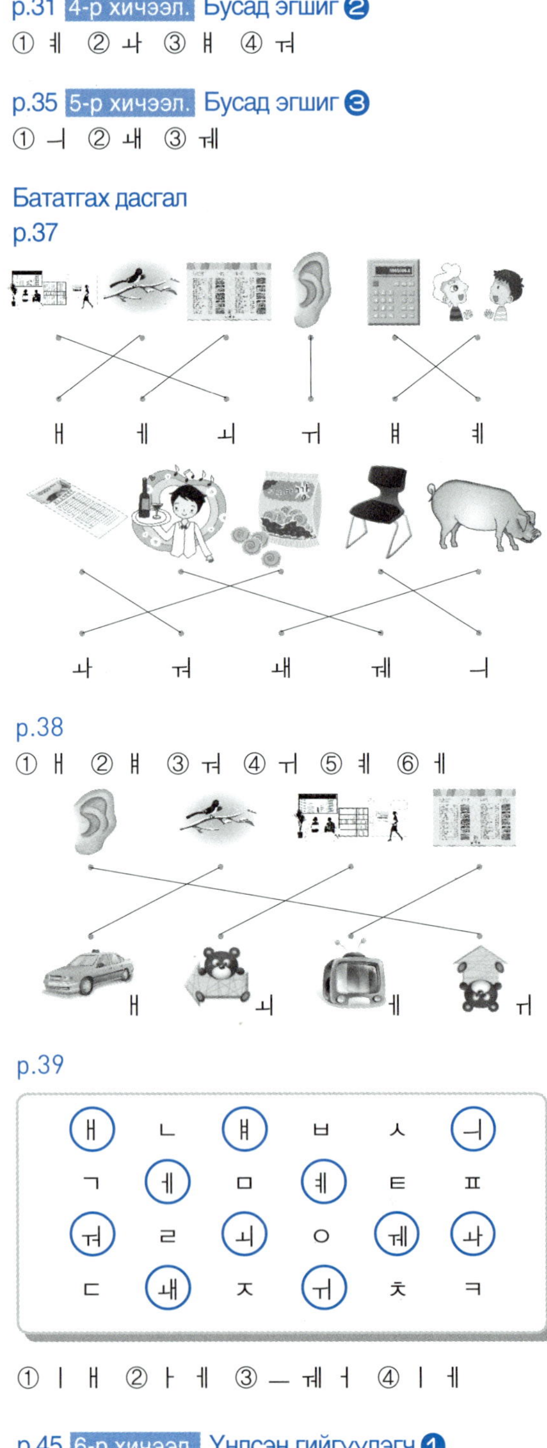

p.38
① ㅐ ② ㅒ ③ ㅝ ④ ㅟ ⑤ ㅖ ⑥ ㅔ

p.39

① ㅣ ㅐ ② ㅏ ㅒ ③ ㅡ ㅖ ㅓ ④ ㅣ ㅔ

p.45 6-р хичээл. Үндсэн гийгүүлэгч ❶
① ㄱ ② ㄴ ③ ㄷ ④ ㄹ

Бататгах дасгал
p.58

p.59
① ㄱ ② ㄴ ③ ㄷ ④ ㄹ ⑤ ㅋ ⑥ ㅈ
⑦ ㅊ ⑧ ㅎ ⑨ ㅍ

p.60

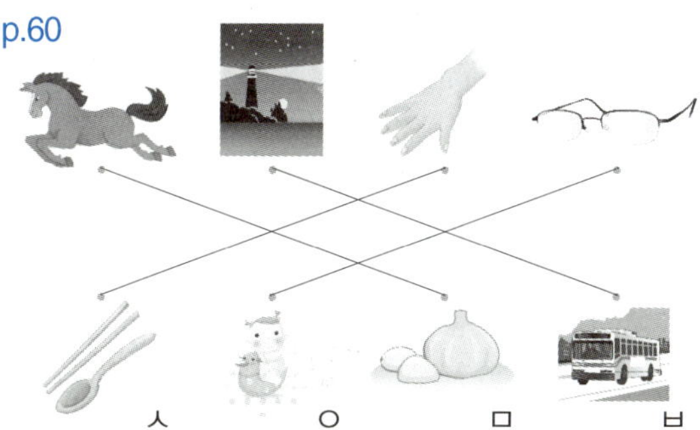

p.61

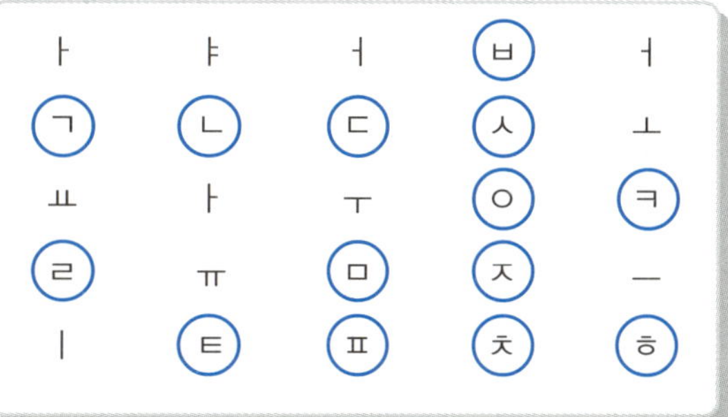

① ㄱㄷ ② ㅈㄹㄷ ③ ㅁㅅㅋ ④ ㅇㅍㅌ ⑤ ㄱㄷ
⑥ ㅅㄷㄱㄹ ⑦ ㄴㅍㄷ ⑧ ㅎㅅㅇ

Бататгах дасгал
p.72

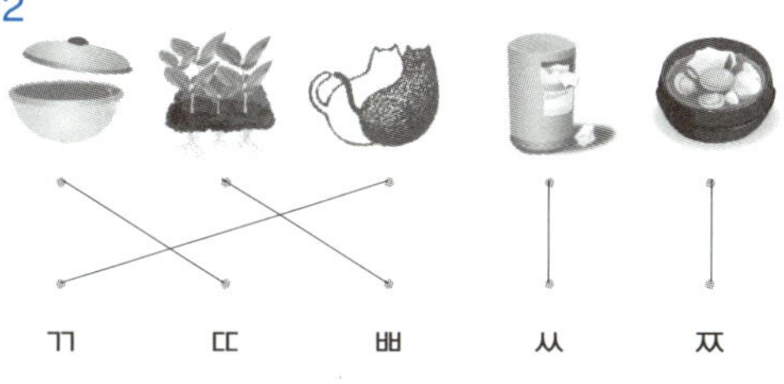

① ㄸ ② ㅃ ③ ㄲ ④ ㅆ ⑤ ㅉ

p.73

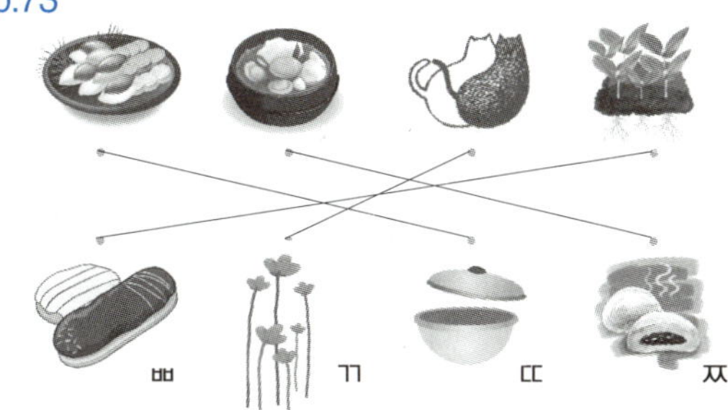

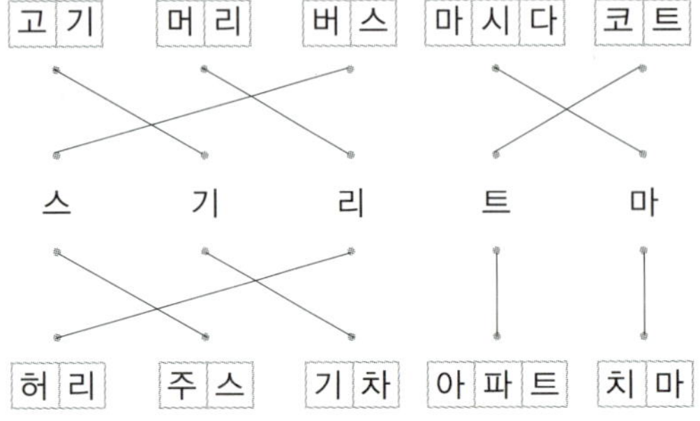
고기   머리   버스   마시다   코트
스   기   리   트   마
허리   주스   기차   아파트   치마

가나다라부터 실용회화까지

가장 쉽게 배우는 한국어

초판인쇄_ 2010년 1월 20일
초판발행_ 2010년 1월 25일

지은이_ 최기호 · 심소림
펴낸이_ 엄태상
펴낸곳_ 랭기지플러스
책임편집_ 권이준
표지디자인_ 윤미주
등록일자_ 2000년 8월 17일
등록번호_ 1-2718호
주소_ 서울시 종로구 종로2가 71-6
전화_ 도서 주문문의 (02) 3671-0582
　　　도서 내용문의 (02) 742-0582
팩스_ (02) 3671-0500
홈페이지_ http://www.langpl.com
이메일_ info@langpl.com

ISBN　978-89-5518-755-7　　18710